도시, 디지털 트윈을 만나다

도서출판 윤성사 231
도시, 디지털 트윈을 만나다

제1판 제1쇄 2024년 5월 31일

지 은 이	김동욱 · 황한찬 · 최한별 · 신승윤 · 노재인
펴 낸 이	정재훈
꾸 민 이	(주)디자인뜰
펴 낸 곳	도서출판 윤성사
주 소	서울특별시 용산구 효창원로 64길 10 백오빌딩 지하 1층
전 화	대표번호_02)313-3814 / 영업부_02)313-3813 / 팩스_02)313-3812
전 자 우 편	yspublish@daum.net
등 록	2017. 1. 23

ISBN 979-11-93058-34-3 (93350)

값 11,000원

ⓒ 김동욱 외, 2024

지은이와의 협의에 따라 인지를 생략합니다.

이 책의 전부 또는 일부 내용을 재사용하려면 반드시 사전에 저작권자와 도서출판 윤성사의 동의를 받아야 합니다.

잘못 만들어진 책은 구입하신 서점에서 교환 가능합니다.

> 이 연구는 2021년 대한민국 교육부와 한국연구재단의 지원을 받아 수행된 연구입니다(NRF-2021S1A5C2A03087287).

도시, 디지털 트윈을 만나다

Reinventing Smart Cities: A Digital Twin Approach

김동욱 · 황한찬 · 최한별 · 신승윤 · 노재인

도서출판 윤성사

머리말

도시, 디지털 트윈을 만나다

오늘날 우리는 급속한 도시화로 인한 자원 제약, 교통난, 환경 문제와 씨름하고 있다. 이때, 스마트시티는 각종 도시 문제 해결을 위한 해결책으로 주목받고 있다. 한국은 전 세계적으로 스마트시티 열풍이 불기 전인 2000년대 중반에 'U-City' 프로젝트를 추진하며 시대를 앞서 나갔다. 최첨단 디지털 기술을 도시 프로젝트에 통합한 U-City는 오늘날 전 세계적으로 인정받는 스마트시티 개념과 유사하다.

하지만 한국의 과거 스마트시티 구현 과정에는 많은 도전 과제가 남겨졌다. 한국의 스마트시티는 정부 등 공공 부문이 주도하는 하향식 접근에 따른 문제점을 안고 있었다. 민간기업이 보유한 높은 기술력에도 불구하고, 도시의 데이터 기반 혁신은 여전히 부족했다. 위 문제점들은 스마트시티를 구축하고 구현하는 과정에서 정책의 대상자인 시민에 대한 고려와 어떤 정책 문제를 해결할 수 있을지에 대한 탐색이 부족했기 때문이다. 시민은 혁신 기술을 활용하는 주체이자 목적이다. 혁신 기술이 집약되는 스마트시티 모델은 시민과 공공 부문의 원활한 참여와 협력 속에서 빛을 발한다.

이때 현실 세계의 실체를 가상 영역에 복제하는 디지털 트윈 기술은 그간 스마트시티 추진 과정에서의 문제점을 해결하고, 정책 과정을 개선할 수 있는 가능성을 제시한다는 점에서 의미가 있다. 디지털 트윈 기술은 정책 과정이 단순히 선형적 과정이 아니라 데이터에 기반해 상호 소통하며 발전하는 진화하는 여정이다. 디지털 트윈을 통한 유연한 정책 접근은 지속적인 정책 개선과 최적화를 가능하게 한다.

최근 증거 기반(evidence-based) 정책의 중요성이 더욱 부각되고 있다. 하지만, 실제 사회를 대상으로 한 실험의 어려움과 활용할 수 있는 데이터의 현실적인 한계로 인해 정책결정 단계에서 과학적 증거를 가지기는 쉽지 않다. 이에 따라 상당수의 정책은 정책결정자의 경험과 직관적 판단에 의존하기 쉽다. 이때, 디지털 트윈은 시뮬레이션 모델을 활용해 문제해결의 실마리를 제공한다는 점에서 의미가 있다.

디지털 트윈 기술로 구현되는 스마트시티는 문제 해결을 위한 좋은 방안을 제시한다. 다양한 소스에서 실시간 데이터를 수집하고 이를 문제 해결에 활용하는 역동적인 허브인 디지털 트윈을 통해 우리는 실물 세계와 가상 세계 사이의 경계를 허물 수 있고, 직면한 도시 문제를 해결할 수 있다.

그간 디지털 트윈 기술을 공공 부문에 활용하고자 하는 노력이 다수 있었으나, 기술적 논의 이후 실제 활용에 대한 논의가 많지는 않았다. 또한, 현재 디지털 트윈을 비롯한 한국의 스마트시티에 관한 논의는 하드웨어 혁신에 초점이 맞춰져 있지, 이를 실제 도시 운영 및 도시 문제 해결에 어떻게 활용할지에 대한 논의는 부족했다. 그러나 시민의 체감을 극대화하기 위해서는 실제 디지털 트윈이 정책 문제 해결에 어떠한 역할을 하는지에 관해 주목할 필요가 있다.

머리말

도시, 디지털 트윈을 만나다

　이 책은 한국전자통신연구원 주관으로 2018년부터 2022년까지 총 5개년간 세종특별자치시를 대상으로 실증한 '과학적 정책 수립을 위한 도시행정 디지털 트윈 핵심 기술 개발' 연구를 바탕으로 한다. 세종특별자치시, 한국과학기술원, 바이브컴퍼니 등이 참여한 이 연구에 서울대학교 지능정보사회 정책연구센터는 정책 분야에서의 적용 가능성과 성과 확산 방안을 제시한 바 있다.

　이 연구에 센터장인 김동욱 교수는 공동연구기관의 책임자로, 황한찬(국립순천대학교) 교수, 신승윤(소프트웨어정책연구소), 노재인(한국인터넷기업협회 디지털경제연구원) 박사는 센터 전임연구원으로, 최한별(국립군산대학교) 교수는 학생연구원으로 참여했다. 우리는 주로 공학자로 구성된 이 연구에 사회과학 연구진으로 참여하면서, 타당성 있는 모델을 구성할 때 공학의 역할뿐만 아니라, 증거 기반 시나리오의 구성과 시뮬레이션 결과를 해석하면서 사회과학의 중요성을 절감했다.

　이 책은 디지털 트윈 실증 연구의 성과를 사회과학자의 시선으로 이해하고, 활용 가능성을 제시한다는 데 그 의미가 있다. 디지털 트윈의 공학적 사항과 모델링의 기술적 측면을 다루지 않고, 정책 문제를 해결하는 데 디지털 트윈을 어떻게 이해하고 활용할 것인지에 초점을 맞춘다. 이에 디지털 기술에 익숙하지 않은 일선 공무원과 다른 사회과학자에게 의미가 있다. 또한, 디지털 기술이 궁극적으로 사회에 적용됨으로써 빛을 발하기에 공학자에게도 의미가 있다.

디지털 트윈 기술은 혁신 기술의 도시 적용을 넘어 시민의 삶의 질, 그리고 도시의 경쟁력을 높이는 상징성을 가진다. 기술, 시민, 정부의 세 가지 축이 뒷받침되는 데이터 기반의 도시 운영을 통해 한국의 스마트시티 정책이 성공적으로 추진되기를 기대해 본다.

2024년 5월

대표 저자 **김동욱**

도시, 디지털 트윈을 만나다

| 머리말 | 6

| 제1장 | 공공 부문에서 디지털 트윈의 활용_ 15

1. 서론: 공공 부문에서 디지털 트윈의 활용 가능성 / 15
2. 공공 부문에서 디지털 트윈 기술의 활용 vs. 인공지능 기술의 활용 / 19
3. 공공 부문에서 디지털 트윈 활용의 제약 사항 / 24
4. 공공 부문에서 디지털 트윈 활용을 위한 개선 방안 / 30
5. 공공 부문에서 디지털 트윈 활용을 위한 첫걸음 / 33

| 제2장 | 스마트시티 정책 동향과 교통 문제 해결을 위한
디지털 트윈_ 35

1. 디지털 트윈을 활용한 스마트시티 정책 적용의 필요성 / 35
2. 스마트시티의 개념과 등장 배경 / 37
3. 한국의 스마트시티 정책 과정과 시사점 / 40
4. 도시 문제 해결을 위한 디지털 트윈 기술의 활용 필요성 / 43
5. 스마트시티에서 디지털 트윈 기술의 활용 사례 / 45
6. 도시 교통 정책과 공공자전거 / 48
7. 디지털 트윈과 공공자전거 활성화 정책 연계 필요성 / 50

| 제3장 | 디지털 트윈 시뮬레이션 모델링과 시뮬레이션
          시나리오 작성_ 53

1. 디지털 트윈 시뮬레이션 시나리오 작성의 중요성과 필요성 / 53
2. 공공정책 과정에서 인공지능 기반 디지털 트윈의 활용 가능성 / 57
3. 디지털 트윈 및 인공지능 기술과 전통적인 과학적 연구 방법의 결합 / 61
4. 사례 선택: 세종시 공공자전거(어울링)에 대한 디지털 트윈 시스템 구축 / 64
5. 연구방법론: 조건부 가치측정법을 활용한 시나리오 개발 / 67
6. 기술 통계와 경제적 편익의 분석 결과 / 74
7. 연구 결과에 기반한 시뮬레이션 시나리오 정리 / 83
8. 연구의 의의와 향후 과제 / 86

| 제4장 | 디지털 트윈 기술과 정책 대안 결과 예측_ 92

1. 디지털 트윈이 정책 의사결정에 영향을 미칠 수 있을까? / 92
2. 인공지능 시대 역동적인 공공정책 과정 / 95
3. 디지털 트윈 기술을 통한 정책 대안 결과 예측 / 98
4. 사례 선택: 세종특별자치시 공공자전거 어울링 사업 / 105
5. 분석 방법: 시뮬레이션 모델링 예측과 자료포락분석의 결합 / 107
6. 시뮬레이션 모델링 예측 결과 / 115
7. 자료포락분석 결과 / 117

도시, 디지털 트윈을 만나다

8. 토론: 디지털 트윈 기술의 정책 대안 예측을 어떻게 활용할 것인가? / 120
9. 결론: 정책 대안 결과 예측에서 디지털 트윈의 역할과 시사점 / 125

| 제5장 | 공공 부문에서 디지털 트윈 기술을 통한
           지능적인 정책 의사결정의 가능성_ 129

1. 공공 부문에서 디지털 트윈 적용의 가능성 / 129
2. 공공 부문에서 디지털 트윈의 활용 방안 / 131
3. 공공 부문에서 디지털 트윈 기술 적용의 미래 / 136

| 참고 문헌 | 138

| 찾아보기 | 147

도시, 디지털 트윈을 만나다

Reinventing Smart Cities: A Digital Twin Approach

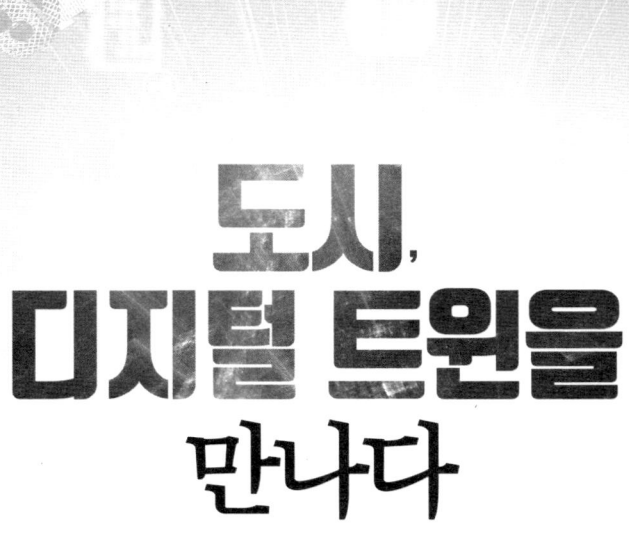

도시, 디지털 트윈을 만나다

[제1장]
공공 부문에서 디지털 트윈의 활용*

김동욱, 황한찬

1 서론: 공공 부문에서 디지털 트윈의 활용 가능성

디지털 트윈 기술은 4차 산업혁명의 핵심 기술 중에 하나로 주목받고 있으며(이민영·김도형·임시영, 2020; 정영준 외, 2021), 자연스럽게 공공 부문에서 디지털 트윈 기술을 어떻게 활용할 수 있을지는 중요한 관심사가 되고 있다. 디지털 트윈 기술은 가상 세계에 현실 세계와 동일한 가상 모델을 만들고 현실의 데이터를 동기화해서 시뮬레이션하는 기술이다(이민영·김도형·임시영, 2020: 50). 즉, 디지털 트윈 기술은 ① 가상 세계에 현실 세

---

* 이 장은 대전세종연구원(2022)이 진행한 「디지털 트윈 시뮬레이션 데이터 기반 세종시 정책 연계 분야 도출 및 분석 확장」의 'Ⅳ. 지방자치단체 8대 정책 및 공공 부문에서 디지털 트윈 활용 방안」 중 일부 내용을 수정 보완해 작성했음을 밝힌다.

계를 정확히 모사하는 타당성 있는 시뮬레이션 모델링을 구축하고, ② 가상 세계와 현실 세계를 연결하고 실시간으로 동기화하는 인터페이스를 구축하며, ③ 다양한 시나리오를 통해 시뮬레이션을 수행하는 것을 핵심으로 한다(배장원 외, 2021; 이민영·김도형·임시영, 2020).

　이러한 디지털 트윈 기술은 정책결정자들과 관리자들이 가상 세계에서 다양한 시나리오를 실험해 볼 수 있도록 도와줄 수 있다(Eom, 2022; 김영훈, 2018; 이민영·김도형·임시영, 2020; 정영준 외, 2021). 현실에서, 정책결정자들과 관리자들은 정책 문제 해결을 위한 여러 정책 아이디어가 있다 하더라도 이를 현장에 자유롭게 적용하는 것이 매우 어렵다. 많은 경우 과학적 증거의 부족, 과도한 비용 발생 등의 문제로 인한 행정 책임성의 저해가 그 원인이 된다. 그러한 점에서 공공 부문에서 디지털 트윈 기술의 활용은 행정의 책임성을 저하하지 않으면서도 정책결정자들과 관리자들이 다양한 정책 아이디어를 정책 시나리오로 만들어 전환함으로써 시행착오를 통한 학습을 할 수 있는 가능성을 높인다.

　이러한 디지털 트윈은 사물인터넷 기술, 빅데이터 기술, 그리고 인공지능 기술의 발전을 통해 큰 시너지를 낼 수 있을 것으로 기대된다([그림 1-1]). 디지털 트윈은 인공지능 기술을 활용한 여러 시뮬레이션 모델링을 다룬 연구들과 비교해 볼 때(예를 들어, de Brujin, Warnier, & Janssen, 2022) 실시간으로 수집된 데이터를 통한 가상 모델의 지속적인 동기화에 특징이 있다(이민영·김도형·임시영, 2020). 사물인터넷 기술은 실시간 데이터의 수집을 돕고, 빅데이터 기술은 대규모의 실시간 데이터를 관리하는 한편으로 이러한 실시간 데이터를 기존 모델링과 연동하는 것을 돕는

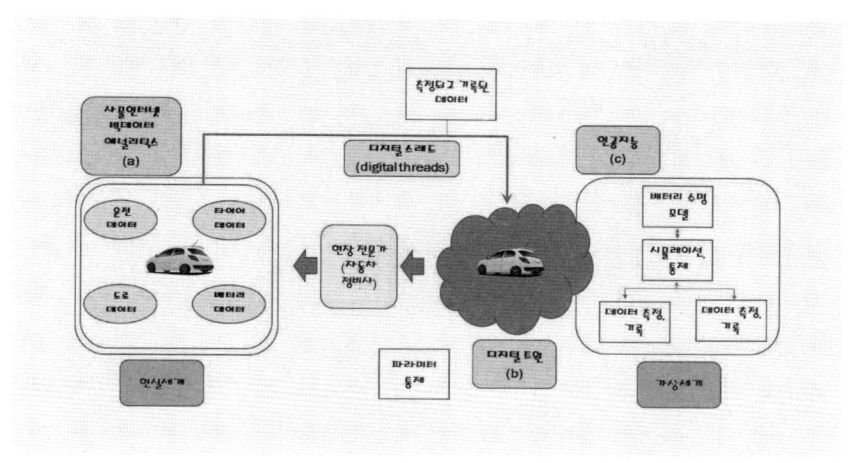

출처: Kaul et al.(2021)의 도식화(p.3)를 재구성했음.

[그림 1-1] 디지털 트윈, 사물인터넷, 인공지능 기술을 활용한 모델링

다([그림 1-1]에서 a). 그래서 사물인터넷과 빅데이터 기술은 현실 세계의 대상에 대한 데이터를 지속적으로 측정하고 분석하고 관리하는 것을 통해 지속적인 동기화에 기여한다. 다음으로 디지털 트윈은 이러한 사물인터넷과 빅데이터 기술을 통해 만들어진 현실 세계에 있는 모델링 대상([그림 1-1]의 경우 자동차)의 복제물이다. 현실 세계의 대상과 쌍둥이라는 의미에서 디지털 세계에서의 트윈(twin)을 지칭한다. 그래서 현실 세계에 있는 대상과 계속해서 쌍둥이일 수 있도록 지속적인 측정과 동기화가 요구되고, 현실 세계와 동일하게 그러한 대상을 둘러싼 공간과 환경(예를 들어, [그림 1-1]에서 도로)을 구성하고 이에 대해 데이터를 수집할 것이 요구된다. 마지막으로, 인공지능 기술은 관심 있는 대상의 투입과 산출 간의 숨겨진 관계를 파악하는 모델링([그림 1-1]에서는 자동차의 배터리 수명 모델)과

관련이 있다. 예를 들어, 인공지능 기술은 운전 데이터, 타이어 데이터, 도로 데이터 등을 통해 자동차의 배터리 수명 모델을 만드는 것을 가능하게 한다. 이는 투입과 산출 간의 관계에 대해 이미 잘 알려진 관계가 있을 경우 규칙 기반 모델링(예를 들어, 행위자 기반 모델링)으로 만들어질 수도 있고 투입과 산출 간에 관계가 잘 알려지지 않은 경우 데이터 기반 모델링(예를 들어, 인공신경망 알고리즘)으로 만들어질 수도 있다. 이 책에서는 디지털 트윈을 이상의 사물인터넷, 빅데이터, 인공지능 기술 등을 활용한 시뮬레이션 모델링을 종합한 기술로 다룬다.

디지털 트윈은 증가하고 있는 도시 문제를 해결하는 데 도움을 줄 것으로 기대된다. 이는 무엇보다도 오늘날의 도시가 스마트시티로 진화하고 있으며, 그 과정에서 도시에서 일어나는 일들이 실시간으로 데이터로 측정되고 기록되는 것과 관련된다. 발전하고 있는 사물인터넷 기술과 빅데이터 기술은 스마트시티 프로젝트들과 결합되면서 더욱더 도시에 존재하는 여러 대상(예를 들어, 자동차, 건물, 가로등 등)을 관찰 가능한 것으로 만들고 있다. 이를 통해 이러한 대상들을 현실 세계를 넘어서서 가상 세계에 위치시킬 수 있는 가능성이 증가하고 있다. 도시는 계속해서 디지털화하고 있고 도시에 있는 더 많은 것을 가상 세계로 초대할 수 있다.

이 책에서는 이러한 맥락에서 공공 부문에서 디지털 트윈 기술을 어떻게 활용할 수 있는지를 집중적으로 다룬다. 세종시 공공자전거 어울링에 대한 디지털 트윈 적용 사례는 세종시, 한국전자통신연구원, 서울대학교, 한국과학기술원(KAIST) 등이 참여해 공공 부문에서 디지털 트윈을 어떻게 적용할 수 있을지 고민한 결과물이다. 이 책은 이 적용 사례를 중심으로 공공 부문에서 디지털 트윈 기술 활용과 관련된 핵심 쟁점들을 정리하는 것을 목표로 한다. 우선 1장은 공공 부문에서 디지털 트윈 기술의 활용을 잘 이해하기 위해 공공 부문에서 디지털 트윈 기술의 활용과 인공지능 기술의 활용 간에 어떤 차이가 있는지, 공공 부문에서 디지털 트윈 기술 활용의 제약 사항은 무엇인지, 공공 부문에서 디지털 트윈 기술을 잘 활용하기 위해 어떤 개선 방안을 고민할 수 있는지에 대해 다룬다. 그 후에 이어지는 장들에 대해 안내하면서 마무리할 것이다.

2 공공 부문에서 디지털 트윈 기술의 활용 vs. 인공지능 기술의 활용

앞서 언급한 것처럼 디지털 트윈은 모델링을 포함하고 있고, 그러한 모델링은 규칙 기반이든 아니면 데이터 기반이든 알고리즘을 기반으로 하기 때문에 인공지능 기술을 통한 모델링과 명확하게 구분되지 않는다. 또한 인공지능 기술이 무엇인지 명확하게 정의돼 있지 않다. 그래서 많은 경우에 "인간 지능을 대신해서 그와 동일하게 기능을 수행하는 것"과 같이 정의돼 있어 다양한 종류의 기술 적용이 인공지능의 범주에 포함되는 문제도 있다. 이를 고려해 공공 부문에서 인공지능 기술의 활용 사례에 대해 먼저 간단하게 살펴보고, 디지털 트윈의 활용이 이러한 인공지능 기술의 활용과 어떤 차이를 가지는지 설명할 것이다.

1) 공공 부문에서의 인공지능 활용 사례

공공 부문에서 인공지능의 활용은 다양한 방식으로 이뤄질 수 있다 (Noordt & Misuraca, 2022).

첫째, 인공지능 기술은 공공서비스에 대한 정보 제공에 초점을 맞추는 챗봇(chatbots)에 활용될 수 있다. 공공서비스에 대한 정보를 제공하기 위한 인공지능 챗봇 서비스는 공공 부문에서 인공지능 활용의 대표적인 예 중 하나다(Androutsopoulou et al., 2019; Noordt & Misuraca, 2022). 'Mona'는 오스트리아 기업 서비스 포털에서 활용된 인공지능 챗봇으로 노동법이나 기업 보조금 등 코로나 팬데믹에 기인한 변화들과 관련해 회사에서 질문을 답변하기 위해 채택했다(Noordt & Misurca, 2022). 이를 통해 이용자

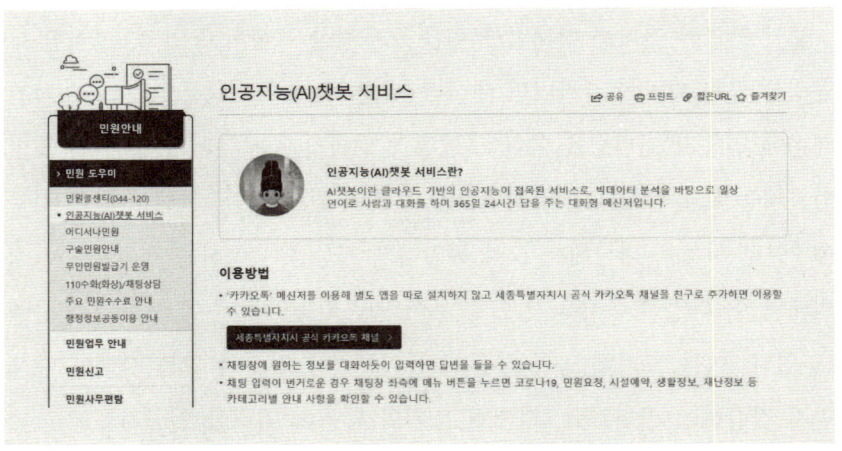

출처: 세종시 공식 홈페이지(https://www.sejong.go.kr/citizen/sub03_0108.do;jsessionid=173520A891C6379CE84887B78F731159.portal2).

[그림 1-2] 세종시 인공지능(AI) 챗봇 서비스

들은 자유롭게 만들어진 질문을 할 수 있고 실시간으로 답변을 받을 수 있다. 세종시에서도 2021년 11월에 인공지능 챗봇 서비스를 위한 카카오톡 채널을 개설했으며(한국경제, 2021), 이를 통해 시민들이 카카오톡 채팅창에 원하는 정보를 입력하고 그에 대한 답변을 받을 수 있도록 하고 있다.

둘째, 시민 참여 촉진이나 시민들의 선호 탐지에 활용될 수 있다. 인공지능 기술을 활용해 디지털 공간에서 표출된 시민의 의견을 분석하고 그래서 시민이 어떤 시각과 의견을 가지고 있는지 체계적으로 정리할 수 있다(Reddick, Chatfield, & Ojo, 2017). 구체적으로 인공지능 기술 기반 플랫폼은 자연어 처리 기법(natural language processing)과 기계학습(machine learning) 알고리즘을 통해 시민이 가진 접근과 생각을 체계적으로 정리 및 제시할 수 있다(Reddick et al., 2017). 예를 들어, CitizenLab은 시민의

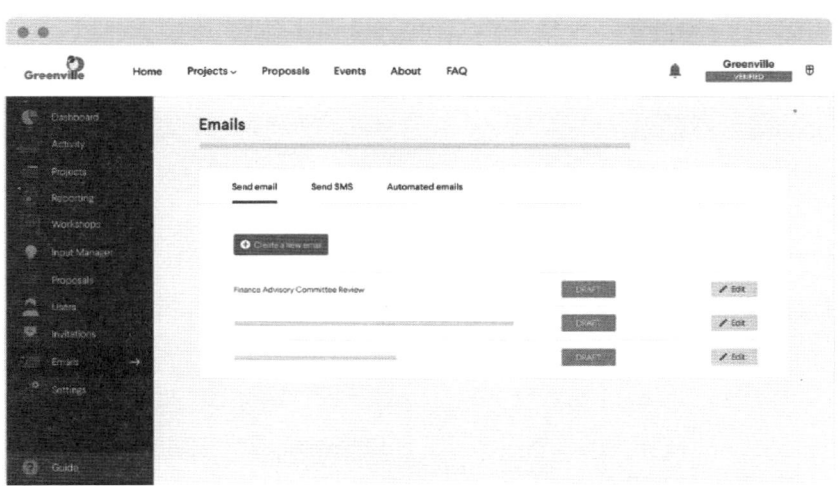

출처: CitizenLab 홈페이지(https://www.citizenlab.co).

[그림 1-3] CitizenLab 활용 사례(City of Greenville)

아이디어를 제시하고 교환하며, 더 나아가서는 시민이 관련 정부 정책 및 예산과 관련된 다양한 정보를 얻을 수 있도록 지원한다.

셋째, 인공지능 기반의 식별 기술은 공공 데이터의 체계적 수집을 돕는다. 가령 에스토니아 탈린(Tallinn)시는 13만 개 도로 구역과 12,000개 이상의 교통 관련 카메라를 통해 도시 내 차량, 보행자, 대중교통수단에 대한 데이터를 실시간으로 수집하고 있다(Noordt & Misurca, 2022). 이와 같은 인공지능 기반 식별 기술은 차량, 보행자, 대중교통 수단을 구분할 수 있고, 보행자가 어떤 보행 목적(예를 들어, 부모가 자녀의 등교를 돕기 위해 보행하는 경우)을 가지는지까지 파악할 수 있게 돕는다. 그래서 인공지능 기반 식별 기술은 디지털 트윈 기술의 핵심인 디지털 스레드(digital thread)를 통한 가상 세계와 현실 세계 연동을 위한 공공 데이터 수집의 가능성을 크게 높일 수 있다.

출처: http://gis.tallinn.ee/portal/apps/opsdashboard/index.html%23/355a2c1bd19d4f47b554ec4bfd82a666

[그림 1-4] 탈린(Tallinn)시 정부가 운영하는 대시 보드

지금까지 살펴본 것처럼, 인공지능 기술의 활용은 관심 있는 대상의 행태나 산출을 예측하는 모델링 이외에도 유형 분류(예를 들어, 세종시 챗봇 및 CitizenLab 사례) 또는 식별(예를 들어, 위의 탈린시 정부의 교통 카메라 활용) 등을 위해 사용될 수 있다.

2) 공공 부문에서 디지털 트윈 활용의 잠재력

공공 부문에서 디지털 트윈의 활용은 인공지능 기술에 기반을 두면서도 훨씬 더 직관적이고 실용적인 방식으로 이뤄질 수 있다. 즉, 디지털 트윈 시뮬레이션 모델링은 행위자(agent)의 행태를 예측하는 모델링이며, 그러한 점에서 행위자의 행태를 예측할 수 있는 투입 데이터와 그에 따른 산출 데이터가 상대적으로 명확하고 직관적이다. 시뮬레이션 모델링에서 투입 데이터에 대한 조건을 변화시킴으로써 행위자의 행태가 어떻게 변하는지를 예측할 수 있다.

디지털 트윈을 인공지능 기술 기반 모델링과 구분하는 차이는 실시간 데이터 동기화에 있다. 현재까지 공공 부문에서 인공지능 기술 기반 모델링 관련 연구들은 우리가 알고 있는 한 거의 모두 실시간 데이터 동기화가 이뤄지지 않은 모델링에 대한 것들이다. 예를 들어, 많이 알려진 자연어 처리 기반 ChatGPT 서비스의 경우 과거의 축적된 언어 사용 데이터에 기반해 모델을 개발하고 버전을 일정한 주기를 두고 업데이트하는 방식을 사용하고 있다.

그러나 공공 부문에서 디지털 트윈의 활용이 어느 정책 분야에서 어떤 문제를 해결하기 위해 접근할 수 있는지는 여전히 많은 것이 알려지지 않았다. 그러한 점에서 공공 부문에서 디지털 트윈 활용의 제약 사항을 살펴보는 것이 중요하다.

3 공공 부문에서 디지털 트윈 활용의 제약 사항

1) 디지털 트윈에 대한 기대와 모델링할 수 있는 대상 간의 괴리

공공 부문 연구자들과 정책 현장의 의사결정자들의 디지털 트윈에 대한 기대가 높아지고 있으며, 특히 인공지능(기계학습) 알고리즘을 모델링에 활용하면서 복잡한 사회 문제를 다루는 공공서비스에 대해 적용할 수 있을 것인지에 대한 기대가 커지고 있다. 그러나 문제는 그러한 기대가 실제 모델링할 수 있는 대상 간에 계속해서 괴리가 발생하고 있다는 점이며, 이러한 격차를 메우기 위한 노력이 필요한 상황이다.

디지털 트윈의 효과적인 활용을 위해서는 무엇보다도 행태 예측 모델링을 생성하기 위해 행위자(agent)가 명확해야 하고, 신뢰할 수 있는 대규모의 데이터를 관찰할 수 있어야 한다. 예를 들어, 치매와 관련된 서비스에서 적용 가능성을 생각해 보면, 치매 환자에 대한 복지 서비스 제공에서 가장 어려운 부분 중에 하나는 치매 환자임을 알리기를 꺼려한다는 점이다. 정신질환과 관련된 서비스의 경우에도 이와 마찬가지로 시뮬레이션 모델링을 하기 어렵다. 다시 말해, 설령 행위자를 명확히 할 수 있는 경우에도 행위자를 정확하고 신뢰할 수 있게 관찰하기 어려운 경우에 디지털 트윈 기술을 적용하기 어렵다.

반대로 세종시 공공자전거 어울링에 대한 디지털 트윈 구축은 디지털 트윈 활용의 모범 사례다. 왜냐하면 세종시 공공자전거 어울링에 대한 디지털 트윈의 경우 행위자가 자전거 이용자이고 공공자전거 이용의 행태 이력 데이터를 통해 대규모의 데이터를 관찰할 수 있기 때문이다. 한국전자통신연구원은 세종시 공공자전거 이외에도 대중교통 등 교통 문제에 대해 디지털 트윈을 활용하는 방안을 모색해 왔다. 이는 매우 유용한 접근이자 시도인데, 왜냐하면 대중교통의 경우 모델링의 대상이 차량, 자전거 등

출처: 세종시 공식 홈페이지(https://www.sejong.go.kr/bbs/R0079/list.do).
[그림 1-5] 세종시 공공자전거 어울링

으로 매우 명확하기 때문이다.

처음 디지털 트윈이 민간 부문에서 활용됐던 사례를 보면 공공 부문에서 디지털 트윈을 활용하고 시뮬레이션 모델링을 할 수 있는 대상이 무엇인지를 이해하는 데 도움을 준다. 민간 부문에서 디지털 트윈은 제조와 설비 분야에서 시작됐으며, 디지털 트윈이 제조와 설비 분야에서 어떻게 활용됐는지 살펴보는 것은 공공 부문에서 어떻게 확장적으로 활용될 수 있는지와 관련해 중요한 통찰을 제공한다. 예를 들어, 미국의 제너럴 일렉트릭(GE)사는 약 35,000개 이상의 센서를 통해 제조 및 항공기 제트 엔진의 데이터를 모으고 분석할 수 있는 디지털 트윈을 모델링했다(김원태 외, 2020). 이를 통해 엔진 개발 단계 시 엔진을 효과적으로 설계하고 엔진 점검 시 엔진의 고장 여부를 빨리 확인할 수 있었으며, 이를 통해 항공기 결항 발생 건수를 감소시킬 수 있다. 예를 들어, 설비와 관련해 정밀기계 및 자동차 부품 회사인 독일의 보쉬(Bosch)는 함부르크(Hamburg) 공장의 모든 기계 장비에서 나오는 데이터를 모으는 한편 공장 내 모든 기계 장비를 모델링한 디지털 트윈을 만들었다(김원태 외, 2020). 이를 통해 실시간 작업 상태 및 에너지의 소모량 등을 시각화했다. 디지털 트윈의 활용을 통해 공장의 기계장비의 작동과 에너지 관리에 대한 상호 연동 시스템을 만들어 공장의 소비 전력을 최소화했다.

이상의 두 가지 민간 부문 활용 사례는 행위자가 명확하고 관찰할 수 있는 데이터를 활용해 디지털 트윈을 구축했음을 보여 준다. 미국 제너럴 일렉스릭(GE)사의 사례에서 행위자는 제트 엔진이고 독일 보쉬사의 사례에서 행위자는 기계장비다. 제트 엔진이나 기계장비는 발생시키는 신호(소음, 열, 에너지 소모량 등)가 신뢰할 수 있는 형태로 관찰하기 쉬우며, 그래서 이러한 신호들을 투입 데이터로 사용하기 용이하다.

이상의 내용을 통해 알 수 있는 것은 공공 부문에서 디지털 트윈을 활용하기 위해서는 모델링의 행위자가 누구인지 그리고 행위자의 행태와 관련된 신호는 신뢰할 수 있고 관찰할 수 있는지 이해하는 것이 필요하다는 점이다.

2) 정책 현장에서 익숙하지 않은 용어들

공공 부문에서 디지털 트윈을 활용할 때 발생하는 가장 큰 문제 중에 하나는 디지털 트윈에서 사용하는 용어가 정작 디지털 트윈을 활용해야 할 관리자들과 실무자들에게 익숙하지 않다는 점이다. 관리자들과 실무자들에게 익숙하지 않은 용어는 관리자들과 실무자들이 디지털 트윈을 현장에서 활용할 때 여러 가지 편향을 발생시킬 수 있다는 점을 심각하게 고려해야 한다. 이로 인해 자칫 관리자들과 실무자들이 디지털 트윈으로부터 나오는 산출을 비판 없이 그대로 따르거나 맹신하는 문제가 발생할 수 있으며, 이를 '자동화 편향(automation bias)'이라고 부른다(Alon-Barkat & Busuioc, 2022). '자동화 편향'은 인간이 여러 가지 모순적인 정보들을 인지할 수 있는 상황에 있음에도 불구하고 자동화된 시스템의 의견을 따르는 경향성을 보여 주는 편향이며, 심리학에서 오랜 시간 연구돼 온 것이다(Alon-Barkat & Busuioc, 2022).

다른 한편으로, 관리자와 실무자는 자신들이 믿고 있는 것(또는 사전에 존재하는 고정관념들)과 부합하는 디지털 트윈 산출들만을 취사선택해 자신들의 결론을 강화할 수 있다. 이를 심리학자들은 '선택적 고수(selection adherence)'라고 부른다(Alon-Barkat & Busuioc, 2022). 앨런-바캣과 부쉬옥(Alon-Barkat & Busuioc, 2022)은 실험 설계를 통해 인공지능 알고리즘 조언을 받을 때 공무원들이 '자동화 편향'과 '선택적 고수' 등의 편향을 가지는지에 대해 검증하는 연구를 진행했다. 이들의 연구에 따르면, 공무원들이 '자동화 편향'을 가진다는 증거를 찾을 수 없었으나 '선택적 고수'를 하는 편향이 있다는 증거는 찾을 수 있었다.

  이상의 두 가지 편향은 기본적으로 관리자들과 실무자들에게 디지털 트윈을 구축하고 활용하기 위해 사용되는 여러 가지 용어가 통상적인 사회과학자들에게도 어려울 수 있는 어려운 용어라는 점에서 기인하는 것이다. 또한 관리자들과 실무자들은 디지털 트윈을 구축해 활용할 때 디지털 트윈에서 사용하는 용어가 익숙하지 않아 디지털 트윈을 통한 정책 문제의 해결을 위해 충분히 활용하기 어려울 수 있다. 디지털 트윈은 시뮬레이션 모델링을 기반으로 하며, 그에 따라 이를 적극적으로 활용하기 위해서는 관리자들과 실무자들이 조직 목표와 정책 지향 등을 고려해 시뮬레이션 시나리오를 다양한 형태로 만들 수 있어야 한다. 관리자들과 실무자들이 디지털 트윈을 활용해 정책 개선을 이루기 위한 목표를 가지고 시뮬레이션 시나리오를 만들기 위해서는 이들이 시뮬레이션 모델링을 구성하는 투입 데이터와 알고리즘에 대해 충분히 이해해야 한다. 그러나 관리자들과 실무자들이 이와 같은 투입 데이터와 알고리즘을 충분히 이해하는 것은 결코 쉬운 일은 아니며, 그로 인해 정책 현장에서 시뮬레이션 시나리오를 적절하고 효과적으로 만들기 어렵다면 공공 부문에서 디지털 트윈을 도입한 기대 효과를 달성하기 쉽지 않을 것이다.

3) 관리자 및 실무자가 해석하기 어려운 산출 데이터

다른 한편으로, 관리자들과 실무자들이 디지털 트윈 활용에 따른 산출 데이터를 이해하기 쉽지 않다는 점도 중요한 문제일 수 있다. 공공 부문에서 디지털 트윈을 활용할 때 시뮬레이션 시나리오를 적용함으로써 나오는 산출 데이터는 관리자들과 실무자들이 정책 의사결정을 할 때 중요하고 익숙하게 생각하고 관심을 가지는 요인들과 다를 수 있다는 점에 유의할 필요가 있다. 예를 들어, 한국전자통신연구원에서 세종시 공공자전거 어울링에 대해 디지털 트윈을 구축한 사례에서 산출 데이터는 공공자전거 어울링을 어떻게 운영해야 하는지와 관련해 관리자들과 실무자들이 직접 관심을 가지는 요인들이 아니라 '시간 당 평균 자전거 대수', '시간 당 평균 대여/반납 성공률', '시간 당 평균 대여/ 반납 횟수' 등과 같은 것이다. 이러한 경우에 예를 들어 재배치 변경 시나리오를 제시할 때 '시간 당 평균 자전거 대수'의 변화는 그 자체로 관리자들과 실무자들이 어떻게 해석하고 이해해야 하는지에 대해 충분한 정보를 제공하지 않는다. 이러한 상황은 '시간 당 평균 자전거 대수'보다는 그 수치가 증가할 때 긍정적 의미를 담고 있는 '시간 당 평균 대여/반납 성공률'이나 '시간 당 평균 대여/반납 횟수' 등의 경우에도 마찬가지다. 즉, 관리자들과 실무자들이 재배치 변경 시나리오를 수용할 것인지를 결정할 때 이러한 두 가지 산출 데이터의 긍정적인 변화가 재배치 변경 시나리오를 수용하는 것이 합당한지, 그리고 이를 수용한다면 어떤 형태로 현장에서 받아들여야 하는 것인지를 바로 직관적으로 생각하기 어렵다. 따라서 공공 부문에서 디지털 트윈을 잘 활용하기 위해서는 관리자들과 실무자들이 시뮬레이션 시나리오와 그에 따른 산출 데이터 변화를 전체적으로 이해하고 해석할 수 있는 역량이 요구된다.

나아가서는 관리자들과 실무자들이 이러한 산출 데이터 변화를 이해하고 해석할 수 있는 추가적인 도구를 발전시킬 것이 요구된다. 산출 데이터가 말 그대로 정책 현장에서 수용할 수 있는 요인이 아니라면 정책 현장에서 말 그대로 수용할 수 있는 요인으로 전환할 수 있는 도구를 생각해야 한다. 그러나 현실적으로 이러한 요구를 충족하기 쉽지 않다.

4 공공 부문에서 디지털 트윈 활용을 위한 개선 방안

1) 디지털 트윈에 적합한 분석 대상 식별

디지털 트윈에 적합한 분석 대상을 식별하기 위해서는 앞서 살펴본 것처럼 적어도 두 가지 조건을 갖춰야 한다. 첫째, 무엇보다도 디지털 트윈 기술은 행위자 기반 모델링에 근거하고 있다는 점을 고려할 때 행위자를 명확히 식별할 수 있어야 한다. 둘째, 디지털 트윈을 적절히 활용하기 위해서는 대규모의 관찰할 수 있고 신뢰할 수 있는 데이터를 수집할 수 있어야 한다. 이때 한 가지 고려해야 할 부분은 인간의 복잡한 심리적 상태를 고려해야 하는 문제는 디지털 트윈을 활용하기 쉽지 않다는 점이다. 인간의 복잡한 심리적 상태는 실시간으로 관찰하기 어렵고 객관적으로 측정하기 어려우며 그에 따라 모델링에 반영하기 어렵다.

이와 관련해 몇 가지 흥미로운 사례를 생각해 볼 수 있다. 공공 부문에서 인공지능 기반 시뮬레이션 모델링을 적용했던 유용한 대표적인 사례로는 '이민자 입국 허용 심사' 사례가 있다(de Brujin, Warnier, & Janssen, 2021). 영국에서는 이민자들의 입국을 허용할 것인지 그래서 어떤 이민자들이 신속 출입로를 이용해 입국할 수 있도록 할 것인지를 심사하는 데 인공지능을 활용했다. 네덜란드에서는 복지 수혜자들에 대한 여러 데이터 세트를 통합적으로 활용함으로써 복지 혜택을 받기 위해 속이는 행동을 하는 사람들을 식별하기 위해 인공지능 기술을 활용한 모델링을 현장에서 활용했다(de Brujin, Warnier, & Janssen, 2021). 미국에서는 수천 개의 법원 사례를 통합적으로 고려해 피고가 새로운 범죄를 저지르는지 아니면 법원에 다시 출두하지 않는지를 예측하는 모델링을 현장에서 활용했다(de Brujin, Warnier, & Janssen, 2021).

2) 전통적인 연구 방법을 통한 보완 가능성

디지털 트윈과 관련해 관리자들과 실무자들에게 익숙하지 않은 용어의 문제 등을 해결하기 위한 한 가지 방법은 전통적인 연구 방법을 적절하게 활용함으로써 관리자들과 실무자들이 이해하기 용이하게 만드는 것이다.

먼저, 시뮬레이션 모델링과 관련해 시뮬레이션을 통한 정책 실험을 하기 위해서는 시뮬레이션 시나리오가 필요하다. 그러나 이러한 시뮬레이션 시나리오가 관리자 또는 실무자의 직관에 의존할 경우 그러한 시뮬레이션은 관리자나 실무자가 자신들의 업무 수행을 위해 자의적으로 활용될 수 있다. 그래서 과학적인 증거 기반의 시나리오를 어떻게 만들 것인지에 대해 논의하는 것이 중요할 수 있다. 이때 회귀분석, 메타분석, 실험 등 전통적인 연구 방법이 증거 기반의 시나리오를 만드는 데 도움을 줄 수 있다. 이 책의 3장에서는 디지털 트윈을 위해 전통적인 증거 기반의 시나리오를 어떻게 만들 수 있는지에 대해 다룬다.

다음으로 시뮬레이션을 한 이후에 시뮬레이션 모델링 산출 결과를 어떻게 해석할 것인지가 중요하다. 이때 시뮬레이션 모델링의 산출 결과는 관심 있는 대상의 행태와 관련되기 때문에 관리자 또는 실무자의 입장에서 해석하기 어려운 문제가 발생한다. 이에 대해 정책 효과를 분석하고 평가하는 전통적인 연구 방법이 중요한 기여를 할 수 있다. 이 책의 4장에서는 디지털 트윈 시뮬레이션 모델링 결과를 어떻게 해석할 것인지를 다룬다.

3) 지식중개자로서 사회과학 연구자들과의 협업

관리자와 실무자들이 정책 현장에서 디지털 트윈을 적절히 활용할 수 있도록 돕기 위한 사회과학 연구자들의 지식중개자로서 역할이 요구된다. 디지털 트윈, 인공지능, 시뮬레이션 모델링 등에 대해 전문성을 가지고 있으며, 동시에 디지털 트윈의 설계와 구축에 기여할 수 있는 공학자들은 역동적인 정책 과정에 대해 충분히 이해하는 데 어려움을 가진다. 발레-크루즈 외(Valle-Cruz et al., 2020)의 정책 과정 프레임워크는 디지털 트윈과 인공지능의 활용이 공공정책 과정을 더욱 복잡하고 역동적으로 만든다고 주장한다. 그래서 디지털 트윈과 인공지능 기술이 공공정책 과정에서 더욱 역동적이고 상황에 적합하고 맥락적인 의사결정을 가능하게 하기 위해서는 관리자/실무자, 사회과학자, 공학자 간의 의사소통과 협력이 필수적이다.

이로 인해 공학자들은 공공정책 과정의 복잡성과 역동성을 해소하고 이를 통해 좀 더 엄밀하고 타당한 모델링을 할 수 있도록 돕는 지식을 필요로 한다.

디지털 트윈, 인공지능, 시뮬레이션 모델링 등 상당히 까다로운 방법론과 용어에 익숙한 사회과학 연구자들은 공학자와 공공 부문 종사자를 정책 현장에서 중개하는 '지식중개자' 역할을 수행할 것으로 기대된다. 즉, 사회과학자들은 정책 현장에서 사용하는 용어와 어휘, 정책 과정에 대한 이해를 바탕으로, 디지털 트윈 활용을 위한 시나리오와 산출 데이터를 현장에서 이해하기 쉬운 형태로 전환할 수 있을 것이다.

5 공공 부문에서 디지털 트윈 활용을 위한 첫걸음

지금까지 공공 부문에서 디지털 트윈 기술의 활용 가능성에 대해 다뤘다. 정리하면 공공 부문에서 디지털 트윈을 확장적으로 활용하기 위해서는 ① 시뮬레이션 모델링의 타당성을 높일 수 있는 정책 문제에 대해서, ② 전통적인 정책분석 방법론과 결합해 활용하며, ③ 지식중개자인 사회과학 연구자들과의 협업이 용이한지를 고려할 필요가 있다.

이어지는 내용은 다음과 같이 정리할 수 있다. 2장에서는 세종시 공공자전거 정책에 대해 소개하고 왜 공공자전거에 대해 디지털 트윈 기술이 적용됐는지를 살펴본다. 공공자전거 정책이 지방자치단체들에서 중요하게 된 배경과 디지털 트윈 기술 적용 사례로서 어떻게 선정됐는지 등을 전반적으로 다룬다. 3장에서는 디지털 트윈 기술을 통해 공공자전거 어울링의 시뮬레이션 모델링의 산출을 해석하는 방법을 정책 대안 결과 예측의 관점에서 집중적으로 다룬다. 4장에서는 시뮬레이션 시나리오 작성 방법을 중심으로 다루며, 특히 전통적인 연구 방법을 통해 시뮬레이션 시나리오를 작성하고 이를 가상 모델을 통한 시뮬레이션에 어떻게 활용할 수 있는지를 다룬다. 마지막 장에서는 전체적인 내용을 정리하면서 공공 부문에서 디지털 트윈의 확장적 적용 가능성에 대한 여러 논의을 다룬다.

[제2장]

스마트시티 정책 동향과 교통 문제 해결을 위한 디지털 트윈

노재인, 최한별

1 디지털 트윈을 활용한 스마트시티 정책 적용의 필요성

디지털 트윈 기술은 제조업에서 활용하기 위해 처음 만들어졌지만, 최근에는 공공정책 분야에서 도시 문제 해결을 위한 기술로 널리 활용하고 있다. 즉, 더 나은 정보에 입각한 결정을 지원하기 위한 데이터와 디지털 기술 활용의 큰 잠재력을 도시 문제 해결을 위해 활용하려는 시도가 나타나고 있다.

최근 스마트시티에서 디지털 트윈의 활용을 위해 도시의 물리적 형태를 3D 모델로 표현해, 공무원과 시민이 도시 문제를 좀 더 쉽게 이해할 수 있는 형태로 제시하는 모습을 볼 수 있다(Biljecki et al., 2015). 많은 사람이 스마트시티에서 디지털 트윈의 활용을 생각하면서 컴퓨터에 건물과 도로를 시각화해 시각화한 모습을 연상한다.

그러나, 스마트시티에서 디지털 트윈의 활용 의의가 도시의 물리적 형태를 3D 모델로 표현해 도시의 물리적 요소를 그래픽으로 시각화하는 데 그치는 것이 아니라는 점을 강조하고 싶다. 즉, 도시 문제 해결을 위한 디지털 트윈 활용의 의의는 재난관리, 에너지 수요 예측 등 문제를 시뮬레이션해, 정책 의사결정 과정을 개선하는 데에 있다고 본다. 물론, 해결을 요하는 문제를 가상 세계에 시각화하고, 이를 살펴봄으로써 문제 해결의 방안을 찾는 것도 의미가 있다. 시각화는 기술에 익숙하지 않은 공무원과 시민의 활용성 측면에서 중요한 의미를 갖는다. 도시의 건물, 인프라 등 물리적 요소를 시각화하고, 이를 다시 지리 정보 시스템(GIS)과 통합하는 방안의 이점도 상당하지만, 도시 문제 해결에 활용하기 위한 과제도 상당하다(Wang, Pan, & Luo, 2019).

하지만, 공공정책 분야에서 디지털 트윈의 적용은 현실 세계의 외적인 모습을 시각화해 보여 주는 데에서 끝나는 것이 아니라, 시뮬레이션을 통한 문제 해결에 주목할 필요가 있다. 즉, 디지털 트윈 기술의 의의는 시뮬레이션 모델을 엄밀하고 타당성 있게 활용하면서 디지털 트윈 가상 세계에서의 정책 실험 결과가 최선의 이용 가능한 증거로 활용될 수 있다는 측면에 있다고 본다(황한찬 · 최한별, 2023).

스마트시티에서 디지털 트윈은 광범위한 형태로 적용될 수 있지만, 도시를 가상 세계에서 모델링하는 것은 도시의 복잡성으로 인해 어려울 수밖에 없다. 도시는 쉽게 이해하고 예측할 수 있는 자동화된 시스템이 아니라 물리적 구조, 경제 및 정치 활동, 사회 및 문화환경, 생태 시스템의 변화와 발전을 통해 매일 진화하는 살아 있는 시스템이기 때문이다 (Yencken, 2013). 이에 따라 공장에서 제조 생산 과정이 디지털 트윈 시스템에 비교적 광범위하게 적용되고 있는 것과 달리 도시 정책 과정의 역동에 대해서는 객체로 모델링하는 과정이 쉽지 않다. 이에 따라 한국전자통신연구원의 세종시 대상 실증연구팀은 다른 정책 영역에 비해 모델링이 상대적으로 용이하고, 타당성이 높은 교통 정책에 주목한 바 있다.

공공정책 과정에서 디지털 트윈의 활용 가능성과 활용 형태에 대해서는 이 책의 제3장과 제4장에서 다시 논의할 예정이다. 이에 이 장에서는 디지털 트윈 기술의 적용 배경으로서 스마트시티의 정책 동향과 도시 문제 해결을 위한 디지털 트윈 기술 활용의 필요성을 다루고자 한다.

2 스마트시티의 개념과 등장 배경

스마트시티(smart city)는 일반적으로 주거, 교통, 환경오염 등 전통적 도시 문제를 해결하고 다양한 혁신 기술을 통해 사람들의 생활에 새로운 가치를 만드는 새로운 도시 모델로 정의되지만(김승래·이윤환, 2019), 세부적으로는 나라나 기관 혹은 연구자들에 따라 다양한 형태로 정의된다 (Nam & Pardo, 2011). 즉, 스마트시티의 개념은 경제 수준이나 국가, 지역 혹은 도시별 정책에 따라 상이하며, 보편적으로 활용 가능한 개념은 존재하지 않는다는 것이 중론이다(이재용 외, 2018; 김동욱·성욱준, 2021).

스마트시티 개념의 혼란에도 불구하고, 최근 스마트시티 논의가 지속적으로 이뤄지면서 스마트시티는 도시 재원을 효율적으로 활용하기 위해 정보통신기술(ICT)을 도시공간에 적용한다는 점에는 대체로 합의하고 있다(Neirotti et al., 2014; 이재용 외, 2018에서 재인용). 이렇게 정보통신기술을 통해 도시 문제를 해결하는 스마트시티에는 미래, 혁신, 상징의 의미가 담겨 있다(김동욱·성욱준, 2021). 첫째, 스마트시티는 새로운 도시의 미래상을 제안하고 있다. 둘째, 스마트시티는 혁신 기술이 적용되는 공간이자, 이를 기반으로 한 산업생태계의 조성과 도시 문제 해결의 방향성을 제시한다. 셋째, 최신 지능정보기술의 집약체이자, 새로운 도시 정부 운영모델로서의 상징적 의미가 있다.

한편, 정부는 「스마트도시 조성 및 산업 진흥 등에 관한 법률(약칭: 스마트도시법)」에서 스마트시티(스마트도시)를 "도시의 경쟁력과 삶의 질의 향상을 위하여 건설·정보통신기술 등을 융·복합하여 건설된 도시기반시설을 바탕으로 다양한 도시 서비스를 제공하는 지속 가능한 도시"로 정의하고 있어 위와 일맥상통한다. 한편, 한국지능정보사회진흥원(NIA. 옛 한국정보화진흥원)은 다양한 스마트시티 정의 키워드를 분류해 분석한 바 있는데, 가장 큰 비중을 차지하는 것은 ICT, 통신, 지능, 정보(26%)이며, 환경과 지속가능성(17%), 인프라와 서비스(17%), 사람, 시민, 사회(12%) 순으로 나타났다(한국정보화진흥원, 2016).

이를 종합할 때, 스마트시티는 일반적으로 "주민의 이익을 위해 도시의 운영을 개선하기 위해 정보, 디지털 및 통신 기술을 사용하여 기존의 네트워크 및 서비스가 좀 더 유연하고 효율적이며 지속 가능해지는 곳"(Anthopoulos, 2015)으로 정의가 가능하다. 이 연구는 스마트시티를 지능

정보기술을 결합한 지속 가능한 도시의 새로운 모형으로 본다. 다시 말해, 스마트시티를 도시에 인공지능과 빅데이터 등 지능정보기술을 접목해 각종 도시문제를 해결하고, 삶의 질을 개선할 수 있는 도시 모형으로 볼 수 있다.

이때, 스마트시티는 지능사회 추세에 따라 도시의 역량 제고 방안으로서 등장했다고 할 수 있다. 스마트시티의 등장 배경은 다음 두 가지로 정리할 수 있다.

첫째, 도시 문제 심화에 따른 도시 활력 쇠퇴다. 도시로 인구 집중이 심화하면서 교통 체증, 주차공간 부족, 대기오염, 에너지 수급 문제 등 도시문제가 커지고 있다. 또한, 도시 인구의 노령화, 도심 교육시설의 과소 이용, 기존 도심의 경제력 및 상권 쇠퇴 등 도시경쟁력이 쇠퇴하는 문제점이 발생하고 있다. 스마트시티는 위와 같은 도시 문제 해결을 위해 예산이나 인력을 단순 투입하기보다는 정보통신기술을 바탕으로 효율적인 문제 해결을 지향한다.

둘째, 기존 도시정비사업의 문제점이다. 오래된 도시의 정비사업이 수익성 위주의 전면 철거 과정으로 이어지면서 지역의 공동체가 붕괴하는 문제가 발생하고 있다. 또한, 도시정비사업 후 부동산 가치 상승으로 기존 원주민의 재정착에도 어려움이 발생하고 있다. 지능정보기술은 앞서 살펴본 바와 같이 자원의 효율적 이용을 통해 도시 문제를 해결할 뿐 아니라, 시민 참여와 교류를 활성화하는 데 기여할 수 있다. 이처럼 스마트시티는 도시 집중 문제점을 지능정보기술을 통해 해결하는 도시 모형으로 등장했다.

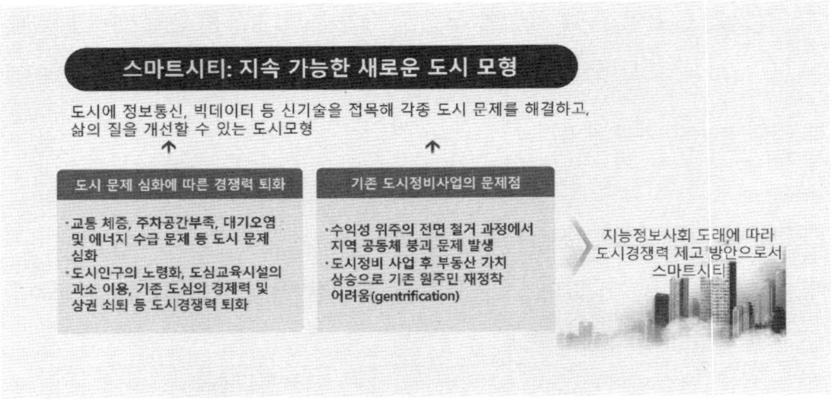

출처: 김동욱·성욱준 (2021: 12).

[그림 2-1] 스마트시티 출현 배경

❸ 한국의 스마트시티 정책 과정과 시사점

한국 정부는 국가 차원의 스마트시티 종합계획으로서 '스마트도시 종합계획'을 「스마트도시 조성 및 산업 진흥 등에 관한 법률」에 근거해 2009년부터 5년 단위로 수립하고 있다. 이 계획에 근거해 국가시범도시 등 국가 정책사업이 진행되며, 지방정부의 스마트시티 계획도 영향을 받는다. 현재까지 '스마트도시 종합계획'은 세 차례 발표됐는데,[1] 이에 따라 한국의 스마트시티 정책은 크게 세 단계로 나눠 살펴볼 수 있다.

1단계는 유비쿼터스 도시(U-City)의 구축 단계다. 한국 정부는 2007년

---

1) 제1, 2차의 경우, '유비쿼터스도시 종합계획'이라는 이름으로 발표.

부터 2013년까지 U-City 연구개발의 추진을 주도했다. 이에 따라 기반기술(요소기술과 통합 플랫폼)을 개발하고 택지개발 사업(신도시, 행정중심복합도시, 혁신도시)에 고속정보통신망 체계를 구축했다.

2단계는 2014년부터 2017년까지의 시스템 연계 단계로서, 정보와 시스템 연계 사업을 추진해 이미 구축된 스마트 인프라 활용을 극대화했다. 지능화 도시정보 시스템에 대한 연구개발을 바탕으로 공공 분야의 5대 연계 서비스(112 긴급영상, 112 긴급출동, 119 긴급출동, 재난안전 상황, 사회적 약자 지원)에 대한 통합 플랫폼을 구축하고 이를 확산했다.

3단계는 2018년부터 추진된 스마트시티 본격화 단계다. 지능정보기술의 테스트베드, 리빙랩 방식의 정책실험, 혁신생태계 기반 조성 등 새로운 스마트시티의 개념을 포괄하는 정책으로 확대했다. 현재 이 흐름에 따라 정부의 3대 혁신성장 선도사업으로서 국가시범도시의 조성, 기존 도시의 재생과 스마트화, 스마트시티 산업생태계 구축을 추진하고 있다.

한국의 스마트시티는 택지개발 사업에 정보통신기술 구축사업을 결합하는 데에서 시작돼, 정보와 시스템을 연계하며 발전해 왔다. 최근에는 지능정보기술의 테스트베드이자, 혁신성장 선도사업으로 서비스와 사업 유형이 다변화되고 있다. 아직 진행 중인 사업인 국가시범도시 추진에 대해서도 일각에서는 공급자 위주의 도시 설계로 인한 문제, 기술 미성숙에 따른 문제, 기술 활용 과정에서의 문제 등을 지적하면서 스마트시티가 유비쿼터스시티(U-City) 실패의 전철을 밟지 않도록 해야 한다고 조언하기도 한다. 이처럼 한국의 스마트시티 도입 과정을 살펴보면서 생각해 봐야 할 점은 다음과 같다.

첫째, 정책의 소망성과 실현가능성의 문제다. 즉, 신기술의 테스트베드이며, 혁신생태계 조성을 목표로 하는 스마트시티 구축이 기술적 소망성과 실현가능성을 모두 고려하고 있는가에 대한 고민이다. 최근의 국가시범도시 사업에서 특히 다양한 첨단 기술 도입을 통해 최상의 스마트시티를 건설하고 운영하고자 하는 정책 의지가 많이 나타나고 있다. 하지만 기술의 미성숙으로 인한 안정성 문제, 개인 프라이버시 침해 문제가 발생할 위험이 해결되지 않은 채 공존하므로 지나치게 이상적인 목표 설정과 첨단 기술에 대한 과신 문제를 우려하게 된다.

둘째, 정책의 내용적 합리성과 절차적 합리성을 모두 고려하고 있는가의 문제다. U-City 등 초기 스마트시티 정책에는 시민의 참여와 수용성의 문제가 노출됐으며, 이를 해결하기 위한 거버넌스도 부족했다. 이에 시민의 참여와 수용성의 확보가 중요한 요소가 된다. 또한, 스마트시티 서비스는 공급자 중심으로 서비스가 개발되고 적용됐으며, 수요자 입장에서의 고려가 부족한 경우가 많은데, 이처럼 정책 수행에 따른 정책 대상자의 순응성과 수용성을 확보하고 있는가의 문제는 여전히 중요하다.

셋째, 서비스의 보편성과 공공 부문의 특수성 고려에 관한 문제다. 공공재로서 스마트시티 서비스는 보편적 서비스 공급이 필요하다. 그러나, 첨단 기술의 활용에 따른 지역 및 연령 간 디지털 리터러시 격차는 서비스의 보편성 훼손으로 이어질 수 있어 주의를 요구한다. 스마트 기기에 익숙하지 않은 시민은 서비스 활용 과정에서의 불편뿐만 아니라, 공공 의사결정 과정에서 차별받는 일도 발생할 수 있다. 또한, 스마트시티 보급의 지역 간 격차 문제도 적지 않은데, U-City의 경우 대부분 신도시 개발지구 또는 재정적 여유가 있는 수도권 위주의 개발이 이뤄지면서 중소 규모의 시·군에서는 상대적으로 관련 사업이 늦거나 재정적인 이유로 시도조차 하지 못하는 경우가 많았다(이재용 외, 2012; 장환영·이재용, 2015). 서비스 지불 능력이 있는 고객과 지불 능력과 상관없는 시민의 차별 문제도 중요한 이슈다.

넷째, 새로운 도시 운영의 안정성 확보 관련 문제다. 과거 U-City 사업의 경우, 신규로 개발돼 공급되는 대규모 택지사업에 적용돼 처음 설비와 서비스는 초기 분양비용으로 충당이 되지만 기술 발달에 따라 업그레이드가 필요할 때는 막상 소비자들이 추가 투자를 원하지 않는 경우가 발생하며, 이에 관리에 소홀한 문제가 지적되기도 했다(김갑성, 2018). 운영 매뉴얼의 유지 보수, 위기관리와 시나리오 관리, 그리고 사이버 보안의 위협과 대처 등을 고려해야 한다.

4 도시 문제 해결을 위한 디지털 트윈 기술의 활용 필요성

위 문제점들은 스마트시티의 구축·구현 과정에서, 정책 대상자인 시민과 정책 구현의 당사자인 공공 부문을 고려하지 못해 발생했다고 볼 수 있다. 시민과 공공 부문은 혁신 기술을 활용하는 주체이자 목적이다. 혁신 기술이 집약되는 스마트시티 모델은 시민과 공공 부문의 원활한 참여를 통한 작동과 활용 속에서 빛을 발한다.

스마트시티는 하나의 도시 모델이라기보다는 도시 변화의 방향성이자 미래상을 나타내는 상징적 개념이기 때문에 도시에 구현되는 기술이나 방식은 차이가 있다. 스마트시티를 구현하기 위해 적용되는 기술은 다양하게 존재한다. 그중에서도 디지털 트윈 기술은 스마트시티를 구현하는 핵심 기술이다.

이때, 현실 세계의 실체를 가상 영역에 복제하는 디지털 트윈 기술은 그간 스마트 시티 추진 과정에서의 문제점을 해결하고, 정책 과정을 개선할 수 있는 가능성을 제시한다는 점에서 큰 의미가 있다. 디지털 트윈 기술은 정책 과정이 단순히 선형적 과정이 아니라 데이터에 기반해 상호 소통하며 발전하는 진화하는 여정이라는 점을 강조한다. 디지털 트윈을 통한 유연한 정책 접근은 지속적인 정책 개선과 최적화를 가능하게 한다.

디지털 트윈 기술로 구현되는 스마트시티는 문제 해결을 위한 좋은 방안을 제시한다. 다양한 소스에서 실시간 데이터를 수집하고 이를 문제 해결에 활용하는 역동적인 허브인 디지털 트윈을 통해 우리는 유형 세계와 디지털 세계 사이의 경계를 허물 수 있고, 직면한 도시 문제를 해결할 수 있다.

그간 디지털 트윈 기술을 공공 부문에 활용하고자 하는 노력이 다수 있었으나, 기술적 논의 이후 실제 활용에 대한 논의가 많지는 않았다. 또한, 현재 디지털 트윈을 비롯한 한국의 스마트시티에 관한 논의는 하드웨어 혁신에 초점이 맞춰져 있지, 이를 실제 어떻게 활용할지에 대한 논의는 부족했다. 그러나 시민의 체감을 극대화하기 위해서는 실제 디지털 트윈이 정책 문제 해결에 어떠한 역할을 하는지에 관해 주목할 필요가 있다.

스마트시티는 디지털 기술의 실험장이자 시민들의 생활공간으로 기술과 도시의 괴리가 발생하기 쉽다. 데이터는 그 자체로 도시 문제 해결을 위한 가치가 있을 뿐만 아니라, 디지털 기술과 생활공간의 간격을 메울 수 있는 가장 강력한 도구가 될 수도 있다. 시민과 기업에게 데이터를 제공하며, 공유를 통해 활용을 증대하는 행위는 경제적으로는 새로운 재화, 서비스 및 일자리를 만들고, 정치적으로는 투명성을 증진시키며, 정보에 대한 접근성을 높여 시민 개인의 의사결정에도 도움이 되는 공공가치를 창출한다. 미래 도시에서는 이처럼 데이터의 품질과 사용성을 높임으로써 참여, 효율성, 투명성 그리고 혁신성을 모두 높일 수 있어야 한다. 이를 실현하기 위해 빅데이터 플랫폼을 기반으로 한 다양한 공공·민간 데이터의 유통에 대한 활성화 역시 필요하다. 이때, 데이터를 통한 도시 문제 해결은 도시 현상에 대한 모델링 혹은 시뮬레이션을 통해 과학적 정책결정을 지원하는 도시행정 디지털 트윈 기술의 적용으로도 나타날 수 있다.

디지털 트윈은 현실 공간의 특정 대상을 가상 공간에 동일하게 구현하며, 동시에 현실 공간에서 발생하는 실시간 데이터를 수집·적용할 수 있다. 따라서 디지털 트윈은 물리적 공간정보와 공간에서 발생하는 모든 실시간 정보를 활용해 도시를 모니터링할 수 있고, 다양한 환경이나 조건을 사전에 시뮬레이션할 수 있다(Qi & Tao, 2018). 이러한 디지털 트윈의 특성은 도시의 정책을 만들고 집행하는 도시관리자들의 입장에서 매우 획기적인 전환점이 된다.

5 스마트시티에서 디지털 트윈 기술의 활용 사례

각 나라에서 스마트시티를 구현하기 위해 디지털 트윈 기술을 활용하는 사례는 점차 많아지고 있다. 가장 대표적인 싱가포르와 중국을 비롯, 스페인의 바로셀로나, 핀란드의 헬싱키, 호주, 일본 등도 도시 정책에 디지털 트윈을 적극 활용하고 있으며(김익회 외, 2022), 우리나라도 세종, 부산 등 스마트시티 사업에서 디지털 트윈을 접목하는 사례가 있다.

디지털 트윈의 가장 대표적인 사례인 싱가포르의 버추얼 싱가포르(Virtual Singapore)는 2014년 스마트네이션(Smart Nation) 사업의 일환으로 시작됐으며, 차원 도시 모델을 이용해 가상 도시 실험, 새로운 서비스를 위한 테스트베드, 의사결정 지원, 연구개발 지원 등의 네 가지 주요 기능을 제공하고 있다(지능정보사회진흥원, 2020; 서기환, 2021). 예를 들어 정책 의사결정자들이, 싱가포르 내에 태양광 패널을 설치하고 이를 통해 에너지 효율을 높이고자 하는 정책을 수립한다면, 디지털 트윈을 통해 빌딩과 지

〈표 2-1〉 버추얼 싱가포르에서 제공하고 있는 주요 기능

기능	적용 예시
가상실험 (Virtual Experimentation)	- 네트워크 커버리지 지역 탐색 후 커버리지 취약지역 시각화 - 빌딩의 높이 정보와 일조량 등의 데이터를 통해 태양광 패널 설치에 따른 태양광 에너지 생산량 예측
테스트베드 (Virtural Test-Bedding)	- 군중의 분산에 대한 시뮬레이션과 모델링을 활용, 건물의 비상시 대피계획 수립 - 계단, 언덕 등을 포함한 지형정보 및 교통정보를 제공해 보행이 불편한 노약자 및 장애인을 위한 길안내 서비스 개발
의사결정 지원 (Planning and Decision-Making)	- 교통 흐름과 보행자 이동 패턴 분석해 교통정책 지원 - 도시의 기온, 일조량 데이터를 통해 다른 건물의 일조량에 미치는 영향을 예측해 신규 건물 인허가 진행
연구개발 지원 (Research and Development)	- 3D 도시 모델을 통해 새로운 3D 연구 및 개발 활용 - 공공 및 민간 부문의 정보를 취합, 통합관리

출처: 서기환(2021: 2) 및 National Research Foundation Singapore 웹 사이트 내용 정리.

형 등의 공간정보와 일조량 데이터를 결합한 후, 태양광 패널 설치 위치를 몇 군데 지정하고 각각의 태양광 에너지 생산량을 시뮬레이션할 수 있다. 의사결정자들은 결과에 따라 태양광 패널 설치 위치를 확정하게 된다.

  중국의 경우 선전(深圳), 항저우(杭州), 상하이(上海) 등을 통해 디지털 트윈 기술을 활용한 스마트시티를 구현한다. 이 중 선전시의 경우 중국의 대표적인 스마트시티로 중국의 디지털 전환을 위해 2025년까지 글로벌 신형 스마트시티의 모델이 됨과 동시에 '디지털 차이나'의 도시 모델이 되는 것을 목표로 디지털 트윈 기술을 활용해 인구, 교통, 환경 등 도시의 다양한 문제를 해결하고자 한다(Smartcitieindex, 2023).

출처: Li(2022: 39).

[그림 2-2] 스마트 선전 3차원 모델

  핀란드의 헬싱키는 노후지역의 재개발에 앞서, 재개발에 필요한 데이터를 수집하고 적합한 개발 전략을 수립하며, 이를 사전에 시뮬레이션하기 위한 플랫폼으로 디지털 트윈을 구현하고자 했다. 또한 호주는 6개 주 중 빅토리아, 뉴 사우스 웨일스, 퀸즐랜드의 3개 주를 디지털 트윈으로 개발하고 있으며, 공간 데이터를 기반으로 도시 인프라를 관리하고자 한다(김익회 외, 2022).

대한민국의 경우 세종5-1생활권 및 부산 에코델타시티를 스마트시티 국가시범도시로 지정하고 두 지역에 디지털 트윈을 구현하고 있다. 특히 세종시의 경우 3차원 공간정보를 기반으로 인구, 상권, 교통, 환경 등 다양한 정보를 수집하고, 이를 기반으로 각종 분석과 시뮬레이션을 수행하는, 완전한 의미의 디지털 트윈 구현 사업을 진행하고 있다(국토교통부, 2019; 김진 외, 2021).

6 도시 교통 정책과 공공자전거

앞서 논의한 바와 같이 스마트시티는 전통적 도시 문제를 해결해야 하는 주요한 과제가 있다. 그중에서도 교통 문제는 모든 도시의 난제다. 그간 세계 여러 도시는 교통 문제를 해결하고 환경오염을 막을 수 있는 방안으로 공공자전거를 도입했다.

파리시는 1996년 'LE PLAN VELO'라는 자전거 계획을 수립해 불필요한 승용차 이용을 억제하고자 했다. 독일도 이산화탄소(CO_2) 배출을 줄이기 위해 'Cycle Friendly City' 정책을 시행했고, 도시 교통을 자전거 중심으로 전환하는 사업을 진행했다(유호경, 2023). 네덜란드의 경우 1990년대

자전거종합계획(Masterplan Fiets-BMP: Bicycle Master Plan)을 수립하고 자전거를 승용차 대체 수단으로 바꾸는 계기를 마련했다(한국교통연구원, 2023).

우리나라도 서울시를 비롯한 여러 지방정부가 공공자전거를 운영하고 있다. 가장 대표적인 공공자전거는 서울시의 '따릉이'로 2014년부터 시범 운영하다가 2015년부터 본격 운영을 시작했다. 서울시의 교통 체증과 대기오염, 고유가 문제를 해결하고 시민들의 삶의 질을 높이고자 시행했다(따릉이 서울 바이크, 2023). 이 밖에도 창원시의 '누비자', 대전광역시의 '타슈', 안산시의 '페달로', 세종시의 '어울링' 등이 있다.

국내외를 막론하고 공공자전거는 승용차를 대체하는 친환경 이동 수단으로 점차 자리매김하고 있다. 더욱이 최근 공공자전거는 스마트 기술과 결합하며 스마트 모빌리티의 한 축으로 성장하고 있다. 스마트 모빌리티는 초연결(Connectivity), 자율주행(Autonomous), 공유(Shared & Service), 친환경(Electrification)의 네 가지 특징으로, 가장 먼저 공유자전거 및 공유 킥보드 시장이 성장했다(김성년 외, 2019). 스마트 기술이 도입된 공공자전거는 키오스크나 모바일을 통해 자전거를 대여할 수 있고, 자전거별로 부여된 고유 번호와 센서를 통해 자전거의 이동 경로, 이동 거리 등을 파악할 수 있다.

이렇게 수집된 정보는 교통 빅데이터로 축적돼 도시의 교통 정책을 수립하는 데 직접 반영할 수 있다. 실제로 서울시는 따릉이의 이동 데이터를 지도에 맵핑(mapping)해 도로와 같은 교통 인프라 정비사업 및 교통 연계 정책 등에 관련 자료를 반영한다(서울시 정책지도, 2023).

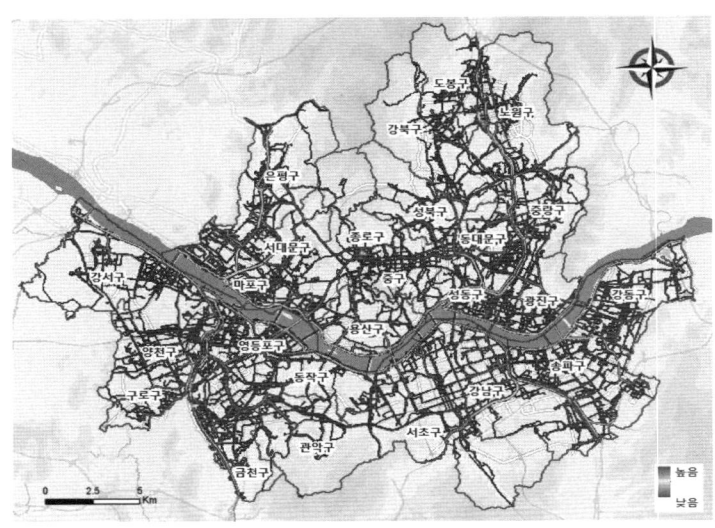

출처: 서울시 정책지도 웹사이트(http://map.seoul.go.kr:9978/spm/).
[그림 2-3] 따릉이 이용 밀도(2023년 6월 기준)

7 디지털 트윈과 공공자전거 활성화 정책 연계 필요성

앞서 살펴본 바와 같이, 스마트 기술은 도시가 처한 다양한 문제를 해결할 수 있는 중요한 열쇠가 된다. 하지만 1장에서 살펴본 것처럼 스마트 기술을 도시에 직접 적용하기 위해서는 넘어야 할 산이 많다. 정책결정자는 기술에 적합한 분석 대상은 무엇인지, 분석을 위해 무엇을 해야 하는지, 분석된 결괏값을 정책에 적용하기 위해서는 어떻게 해야 하는지 등 모든 과정이 고민의 연속이다.

따라서 이 책에서는 이러한 현실적 어려움을 해결하고 도시 정책에 스마트 기술을 적극 활용할 수 있도록 하기 위해, '공공자전거' 활성화 정책을 만드는 데 디지털 트윈 기술을 활용하는 방법을 담았다.

앞서 살펴본 사례에서 보더라도 여러 도시가 문제에 직면해 있고, 스마트 기술을 통해 해결하고자 하는 분야가 교통 분야이며, 디지털 트윈 기술이 효과적으로 활용되는 영역 중 하나도 교통 분야다. 특히 공공자전거는 과거부터 현재까지 도시 교통 정책의 일환으로 다뤄졌으며, 각각의 식별번호를 통해 데이터를 개인화하지 않고 수집이 가능하기에 디지털 트윈 기술을 적용하기에 매우 적합한 대상이 된다.

우리는 여러 공공자전거 중 세종시의 어울링을 사례로 선정했다. 세종시는 계획도시로, 대중교통 및 보행중심도시를 지향하며 도시가 설계됐다. 하지만 현실은 계획과 달랐다. 시민들의 58.3%는 세종시의 교통이 불편하다고 응답했고, 대중교통의 불편함으로 인해 자동차 분담률이 높아지고 있다. 자연스럽게 불법 주차, 교통 혼잡 등의 문제가 가중되고 있다. 이러한 상황에서 세종시의 어울링은 효율적인 대안이었다. 2019년을 기준으로 세종 시민 중 21.4%가 자전거를 이용하고 있었으며, 이용 만족도는 61.9%로 다른 교통수단에 비해 만족도가 높았다(세종특별자치시, 2019). 따라서 세종시의 어울링은 도시가 설계되던 당시 목표를 달성하기 위한 수단이며 동시에 디지털 트윈 기술을 통해 교통 문제를 해결하기 위한 매우 적합한 대상이다.

그러나, 아직까지 정책 과정에서 디지털 트윈을 어떻게 적용할 것인가에 대해서는 많은 논의가 필요하다. 저자들은 세종시 대상 실증과제 참여를 통해 한국전자통신연구원 소속 공학자들과 연구 협업을 했는데, 이 과정에서 타당성 있는 모델을 구성하는 데 공학의 역할도 중요하지만, 이를 위해 증거 기반 시나리오의 구성과 시뮬레이션 결과를 해석하는 데 사회과학자의 중요성을 절감했다. 이에 3장과 4장은 전통적인 정책연구 방법을 통해 어떻게 과학적 증거를 가진 시뮬레이션 시나리오를 개발할 수 있을지, 디지털 트윈 기술에 의한 정책 미세 조정의 결과 예측이 기존의 정책 예측방법론의 관점에서 어떻게 이해되고 활용될 수 있는지를 다룬다.

[제3장]
디지털 트윈 시뮬레이션 모델링과 시뮬레이션 시나리오 작성*

황한찬, 최한별

1 디지털 트윈 시뮬레이션 시나리오 작성의 중요성과 필요성

앞서 살펴본 바와 같이 최근에 크게 발전하고 있는 인공지능 기반 디지털 트윈 기술은 공공정책 과정을 크게 변화시킬 것으로 기대된다(de Brujin, Warnier, & Janssen, 2021; Eom, 2022; Valle-Cruz et al., 2020; van Noordt & Misuraca, 2022). 디지털 트윈 기술은 예를 들어, 시민의 선호나 수요의 탐지와 같은 정책 의제 탐색에서부터 정책 대안의 예상된 효과 분석, 자동화된 재량 행사 가능성 등에 영향을 미칠 수 있고, 그에 따라 공공

---

* 이 장은 황한찬·최한별(2023), 디지털 트윈 기술을 통한 지능적인 공공정책 의사결정의 가능성: 증거 기반 시나리오에 기반한 디지털 트윈 시뮬레이션 모델링, 「한국행정학보」, 57(1), 39-71을 도서발간 목적에 맞춰 일부 수정한 것임을 밝힌다.

정책 과정의 역동성을 높일 수 있다(Valle-Cruz et al., 2020; van Noordt & Misuraca, 2022). 정책결정자들과 관리자들은 이러한 기술을 활용해 공공정책과 관련한 여러 활동의 효과를 사전적으로 예측할 수 있으며, 이러한 맥락에서 이와 같은 기술을 통해 가능하게 되는 관리 역량을 '예측적 거버넌스(anticipatory governance)'라고 부르기도 한다(Guston, 2014). 비슷한 의미에서 디지털 트윈 기술이 물리적 세계와 가상적 세계의 긴밀한 연결을 통해 공공정책 과정을 변화시켜 '디지털 트윈 관료제'가 출현할 것이라고 강조하는 학자도 있다(Eom, 2022).

이와 관련해 여러 연구가 공공정책 과정에서 인공지능 기반 디지털 트윈 기술의 활용에 관한 가능성과 잠재력, 제한 사항, 적용 사례를 구체적으로 식별함으로써 논의를 진전시키기 위해 노력하고 있다(안준모, 2021; Wirtz, Weyerer, & Geyer, 2019; Zuiderwijk, Chen, & Salem, 2021). 인공지능 알고리즘이 정확하고 효율적이며, 공정한 의사결정에 기여할 수 있는지에 주목하는 연구도 있다(김병조·은종환, 2021; Barkat & Busuioc, 2022; Janssen et al., 2022). 그러나 이런 노력에도 불구하고 여전히 인공지능 기반 디지털 트윈 기술이 어떻게 공공정책 과정에서 활용될 수 있는지에 대해 많은 것이 알려지지 않았으며, 구체적인 사례를 통한 심층적인 분석이 필요하다. 이에 따라 제3장에서는 세종시 공공자전거 어울링에 대한 디지털 트윈 시뮬레이션 모델링 구축 및 적용 사례를 통해 이러한 기술을 공공정책 과정에서 실제 어떻게 활용할 수 있는지를 보여 주고자 한다.

디지털 트윈 시뮬레이션 모델링은 공공정책과 관련해서 무엇을 변화시킬 수 있는가? 디지털 트윈 시뮬레이션 모델링의 잠재력은 가상 세계에서 다양한 시나리오를 실험할 수 있는 데 있다(이민영·김도형·임시영, 2020; 정영준 외, 2021). 정책 현장에서 다양한 정책 시나리오를 도입하는 데 과학적 증거가 부족한 경우가 많고, 정책 현장에서 시행착오를 통한 학습은 큰 비용을 초래할 수 있어 행정의 책임성을 저해할 수 있다. 디지털 트윈 기술은 이러한 상황에서 현실 세계를 모사한 가상 세계에서 다양한 정책 시나리오를 실험함으로써 관리자들과 실무자들이 정책 의사결정을 하는 것을 도울 수 있다(Eom, 2022). 결국, 디지털 트윈의 핵심 기술은 빅데이터에 기반한 시뮬레이션 모델링과 그에 따른 예측에 있다.

그 과정을 나눠 살펴보면 다음과 같다. 첫째, 행위자의 관찰된 행태를 적절하게 설명할 수 있는 모델링을 구축해야 한다. 둘째, 그러한 모델링에 정책 시나리오를 적용함으로써 행위자의 행태 변화를 예측할 수 있다. 전자는 타당성이 있는 디지털 트윈 시뮬레이션 모델링의 구축과 관련된다. 주로 공학의 역할이 큰 부분이며, 이 장에서 다루는 세종시 대상 모델링이 대표적이다. 반면, 후자는 다양한 정책 시뮬레이션 시나리오의 결과 예측과 관련된다. 사회과학의 역할이 큰 부분이다. 정책 시뮬레이션 시나리오는 구축된 디지털 트윈 시뮬레이션 모델링의 투입 데이터와 활용되는 알고리즘을 고려해 작성해야 하는 동시에 정책 의사결정에 도움을 줄 수 있는 정책 대안으로서의 요구 사항도 충족해야 한다.

이 책에서는 디지털 시뮬레이션 모델링 구축에 관한 공학적 사항은 다루지 않는다. 대신 전통적인 연구 방법을 활용해 시뮬레이션 시나리오를 이미 구축된 모델링에 적용하는 과정에 중점을 둔다. 특히, 시뮬레이션 시나리오를 과학적 증거에 기반해 체계적으로 만드는 방법에 대해 다루고자 한다. 즉, 전통적인 연구 방법의 연구 결과로부터 도출된 연구의 함의를 정책 대안으로 하는 시나리오를 예시적으로 작성하는 데 초점을 맞춘다. 여기에서 예시적이라고 말하는 이유는 정책 대안에 따른 예시 시나리오를 구성하고 그다음에 시뮬레이션 결과를 살펴보면서 시나리오를 계속해서 미세 조정할 수 있기 때문이다. 여기에서는 예시 시나리오 작성을 통해 전통적인 연구 방법을 활용해 어떻게 시나리오를 개발할 수 있는지를 구체적으로 제시하는 것을 목표로 한다.

이 장은 세종시 공공자전거 어울링을 연구 대상으로 디지털 트윈 기술 기반 시뮬레이션 모델링과 전통적인 연구 방법의 결합 가능성을 탐색한다. 디지털 트윈 기술 기반 시뮬레이션 모델링이 타당하게 구성되기 위해서는 행위자가 명확해야 하고 행위자의 행태가 신뢰할 수 있게 관찰될 수 있어야 한다. 공공자전거는 자전거, 자전거 대여소, 자전거 도로 등 시뮬레이션 모델링을 위해 필요한 핵심 구성 요소(component)를 명확하게 정의할 수 있고, 자전거에 있는 센서를 통해 자전거의 대여, 이동, 반납 등 움직임에 대한 실시간 데이터를 수집할 수 있기에 시뮬레이션 모델링을 하기에 적합한 특성을 가지고 있다(배장원 외, 2021; 정영준 외, 2021).

여기에서 디지털 트윈 기술과 결합할 전통적인 과학적 연구 방법으로 조건부 가치측정법(CVM)을 활용했다. 이는 조건부 가치측정법이 공공자전거의 경제적 편익을 분석하는 연구로 교통 분야에서 널리 활용되고 있기 때문이다. 특히, 비재화(非財貨)에 대한 경제적 편익을 분석하는 연구로서 공공자전거의 경제적 편익을 추정하기 위해 이미 많은 연구에서 이 방법을 활용해 왔다(김동준 외, 2014; 신희철·김동준·정성엽, 2012; 이재영·한상용, 2016). 이 장에서는 관심 연구 대상에 대해 많이 활용된 검증된 방법을 통해 디지털 트윈 기술과 전통적인 과학적 연구 방법이 어떻게 결합될 수 있는지를 살펴볼 것이다.

이 장은 다음과 같은 순서로 진행된다. 2절과 3절은 이론적 배경으로서 공공정책 과정에서 디지털 트윈 및 인공지능 기술의 활용 가능성에 관한 기존 연구를 정리하고, 이어서 디지털 트윈 기술과 전통적인 연구 방법의 결합 가능성을 탐색한다. 4절에서는 세종시 공공자전거 어울링 사례에 대한 소개와 함께 조건부 가치측정법, 시나리오 작성에 대해 다룬다. 5, 6, 7절에서는 세종시 공공자전거에 대한 경제적 편익 및 이것의 결정 요인에 대해 분석하고 구체적인 시뮬레이션 시나리오를 제시한다. 8절에서는 디지털 트윈 기술과 전통적인 연구 방법의 결합과 관련한 연구의 함의를 제시하면서 마무리할 것이다.

2 공공정책 과정에서 인공지능 기반 디지털 트윈의 활용 가능성

인공지능 기반 디지털 트윈 시뮬레이션 모델링이 행정·정책의 의사결정, 공공관리, 공공서비스 제공 등에 미치는 영향이 디지털 트윈과 인공지능 기술에 대한 이론적 탐색에서 핵심적인 쟁점이 되고 있다(Noordt & Misuraca, 2022; 김병조·은종환, 2020). 그러나 정책 의사결정과 같은 정책 과정, 공공서비스 전달, 조직관리와 같이 정부에서 인공지능 기술의 가능성과 잠재력에 대한 논의에도 불구하고(Noordt & Misuraca, 2022), 많은 연구는 여전히 기계학습 기법을 통한 소셜미디어 텍스트를 활용한 시민 선호 파악에 집중돼 왔다. 소셜미디어에서 시민들의 포스트를 빅데이터 기술로 수집해 이것들을 토픽으로 체계적으로 유형화하거나(예를 들어, Reddick, Chatfield, & Ojo, 2017), 시민들의 포스트에 대한 감성을 분석하는 연구(예를 들어, Hand & Ching, 2020)가 있다. 그에 반해 디지털 트윈 기술 그리고 그 핵심에 있는 시뮬레이션 모델링이 공공 부문에서 실제 적용되는 시도에도 관련 연구는 제한적인 상황이다.

그렇다면 시뮬레이션 모델링은 공공정책 과정에서 무엇을 할 수 있는가? 이러한 질문에 대해 답을 하기 위해서는 먼저 시뮬레이션 모델링이 무엇이고 디지털 트윈 기술은 시뮬레이션 모델링과 어떻게 연결되는지 이해하는 것이 중요하다. 시뮬레이션 모델링은 행위자의 행동을 모델링하며(Harrison & Luna-Reyes, 2022; Valle-Cruz et al., 2022), 특히 살아 있는 유기체가 어떻게 자신들의 환경과 상호 작용하는지를 설명하는 데 활용돼 왔다(Harrison & Luna-Reyes, 2022). 디지털 트윈 기술은 관심 있는 대상의 물리적 행동에 대한 현실 데이터를 가상 공간에 동기화해서 그러한 대상의 쌍둥이를 만들며, 가상 공간의 쌍둥이에 대해 시뮬레이션 분석을 하는 기술이다(이민영·김도형·임시영, 2020; 한국전자통신연구원, 2021). 그러한 점에서 디지털 트윈 기술은 시뮬레이션 모델링과 긴밀하게 연결돼 있으며, 실시간 데이터의 수집 및 동기화와 같은 발전된 기술과 시뮬레이션 모델링 기술의 결합을 통해 이른바 '4차 산업혁명' 시대를 선도할 수 있는 기술로 각광받고 있다(이민영·김도형·임시영, 2020). 구체적으로 디지털 트윈 시뮬레이션 모델링과 분석은 가상 모델에 시뮬레이션 시나리오를 적용해 시뮬레이션 결과를 산출하며(배장원 외, 2021; Harrison & Luna-Reyes, 2022; Valle-Cruz et al., 2020, 2022), 이를 통해 행위자의 행동을 예측할 수 있다.

서론에서 언급한 것처럼 디지털 트윈 시뮬레이션 모델링은 크게 두 단계로 나뉘어 있다. 첫 번째 단계는 신호들(cues)의 관찰된 사건 발생에 대한 확률적인 모델링이다(Harrison & Luna-Reyes, 2022; Stewart & Lusk, 1994). 디지털 트윈 시뮬레이션 모델링은 도시 공간에서 실시간으로 수집되는 대규모의 투입 데이터(신호들)를 행위자의 행태(관찰된 사건)로 설명하는 확률적인 모델링이다. 그러한 점에서 이 단계에서의 핵심은 정확하고 타당성 있는 모델링의 구축에 있다(Harrison & Luna-Reyes, 2022). 이 단계에서는 시뮬레이션 모델링이 시뮬레이션 모델링 구축 이후에 수집되는 관찰된 사건을 얼마나 정확하게 예측했는지 살펴봄으로써 얼마나 정확하고 타당성 있는 모델링을 구축했는지 평가한다(배장원 외, 2021).

두 번째 단계는 투입 데이터와 관련된 시뮬레이션 시나리오를 만들어 정책 시나리오의 결과를 예측하는 단계다. 이때 시뮬레이션 시나리오는 시뮬레이션 모델링에 적합한 용어와 어휘로 전환해야 하고 이때 정책 대안으로 제시되는 시나리오는 시뮬레이션 모델링의 투입 데이터와 관련해 제시될 수 있다. 그러나 정책 관계자들과 관리자들이 이러한 디지털 트윈 및 인공지능 기술, 그리고 시뮬레이션 모델링을 정확하게 이해하기는 어렵다. 무엇보다도 디지털 트윈 기술과 그 핵심에 있는 시뮬레이션 모델링이 정책 관계자들과 관리자들이 이해할 수 있는 형태의 결과를 제공하기가 쉽지 않다. 그러한 시뮬레이션 모델링의 투입 데이터는 행위자를 둘러싼 여러 신호 중에서도 감지하고 측정할 수 있는 것들로만 국한되고, 산출 데이터는 관찰된 사건들(예를 들어, 행위자의 관찰된 행태)을 가리킨다. 그러한 결과들은 정책 관계자들과 관리자들에게 친숙하지 않으며, 그래서 실무에서 직접 활용하기 쉽지 않다.

더 나아가서는 디지털 트윈이나 인공지능 기술이 시뮬레이션 모델링과 복잡하고 난해한 알고리즘의 활용을 전제로 하고 있어 설명할 수 없는 모델링과 알고리즘의 문제에 직면하고 있다(Janssen et al., 2020; O'Sullivan et al., 2022). 다시 말해, 디지털 트윈 기술이 시뮬레이션 모델링을 구성하고 정책 예측을 산출하기 위해 사용하는 알고리즘은 특히 관리자들과 공공정책 의사결정자들에게 이해되기 쉽지 않다. 나아가서는 전통적인 공공정책을 탐구해 온 연구자들에게도 이는 심각한 도전이 되고 있다. 설명할 수 없는 모델링과 알고리즘은 공공정책 과정에서 이뤄지는 여러 의사결정에서 투명성과 책임성을 저해할 수 있다.

인공지능 알고리즘과 시뮬레이션 모델링을 공공정책 과정에 활용한 사례로 스마트 예산 편성이라는 주제에 대한 구체적인 아이디어를 제시한 연구가 있다(Valle-Cruz et al., 2021). 이 연구는 인공지능 알고리즘을 활용해서 어떻게 스마트하게 예산을 편성할 것인지('스마트 예산 편성')에 대한 문제에 관심을 가졌다. 그래서 21개 나라를 대상으로 1960년부터 2019년까지 60년의 기간을 대상으로 세계은행의 공개 데이터(World Bank Open Data)를 활용해 인공지능 기반의 시뮬레이션 모델링 분석을 했다. 시뮬레이션의 투입 데이터인 공공 예산 편성이 산출 데이터인 세 가지 경제 지표(GDP[경제 성장], 지니계수[불평등], 인플레이션)에 어떻게 복합적으로 영향을 미칠 수 있는지를 인공지능 알고리즘을 통해 다층적으로 분석했다.

그러나 문제는 정책결정자들과 관리자들의 입장에서 이러한 분석 결과를 따라서 공공 예산 편성을 어떻게 변화시켜야 할 것인지 이해하기는 어렵다는 점이다. 공공 예산 편성을 어떻게 변화시킬 것인지 이해하기 위해서는 시뮬레이션 결과를 다시 공공 예산 편성과 관련된 기존의 연구와 어떻게 결합할 수 있을지 고민해야 한다. 다시 말해, 인공지능 기반 디지털 트윈의 활용이 공공정책 과정을 의미 있게 변화시키기 위해서는 인공지능 알고리즘, 디지털 트윈 시뮬레이션 모델링, 그리고 공공정책 과정에 대한 지식 등이 결합돼 타당성 있고 유용한 정책 시뮬레이션 시나리오를 제시할 수 있어야 한다. 이는 결국 시뮬레이션 모델링과 전통적인 사회과학 분석 방법 간의 결합이 중요하다는 점을 보여 주며, 이 장에서는 이어지는 내용에서 이러한 문제를 집중해서 다룰 것이다.

❸ 디지털 트윈 및 인공지능 기술과 전통적인 과학적 연구 방법의 결합

공공 부문의 인공지능 활용의 중요성이 대두되면서 많은 정책학 및 행정학 연구자들이 전통적인 과학적 연구 방법을 활용해 디지털 트윈 및 인공지능 기술의 효과를 검증하려고 시도하고 있다(Alon-Barkat & Busuioc, 2022; Grimmelikhuijsen, 2022; Janssen et al., 2022). 특히 이러한 연구 중 다수는 인공지능 기술과 알고리즘의 효과를 검증하기 위해 실험 방법을 활용해 내적 타당성을 높이기 위한 시도를 하고 있다. 실험설계에서 인공지능 기술을 활용한 사례로는 이민 담당 공무원의 의사결정으로서 망명 요청 또는 거주 승인 신청(Janssen et al., 2022), 공립 고등학교에서 교사의 채용(Alon-Barkat & Busuioc, 2022), 비자 승인이나 위장 복지 수혜자의 탐지(Grimmelikhuijsen, 2022) 등이 있다. 이러한 연구들은 대체로 인공지능 기술이 일선 수준 공무원들의 의사결정에 어떤 영향을 미치는지에 관심을 가진다. 그러한 점에서 인공지능 기술이 일선 수준 공무원들의 의사결정에 많은 부담을 덜어 내고 자동화할 수 있다는 측면을 강조한다. 그래서 일부 연구자들은 일선 수준의 재량으로부터 시스템 수준, 나아가서는 인공지능 재량(artificial discretion)으로 이동하고 있다고 주장한다(Bullock, 2019; Young, Bullock, & Lecy, 2019).

  그러나 이러한 연구들은 실험 방법을 활용할 때 디지털 트윈 또는 인공지능 기반 시뮬레이션 모델링을 직접 활용해 연구를 진행하기보다는 잘 만들어진 시뮬레이션 모델링이 있다는 전제 아래에서 논의를 진행한다. 따라서 시뮬레이션 모델링과 전통적인 연구 방법이 잘 결합됐다고 보기는 쉽지 않다. 디지털 트윈 또는 인공지능 기반 시뮬레이션 모델링과 전통적인 분석 방법이 결합했다고 말하기 위해서는 시뮬레이션 모델링이 잘 만들어질 것이라고 단순하게 가정하는 것이 아니라, 최소한 직접적으로 시뮬레이션 모델링과 전통적인 연구 방법을 어떻게 조화시킬 것인지에 대한 고민이 필요하다.

  물론 디지털 트윈 또는 인공지능 기반 시뮬레이션 모델링을 전통적인 연구 방법과 결합하는 것이 쉽지는 않을 것이다. 왜냐하면 이러한 결합은 디지털 트윈이나 인공지능 기술, 그리고 이에 기반한 시뮬레이션 모델링, 전통적인 연구 방법, 그리고 이것들과 관련된 사회과학 이론에 대한 높은 수준의 이해를 함께 요구하기 때문이다. 그럼에도 불구하고, 시뮬레이션 모델링은 정책 효과를 사전에 예측하거나 관찰된 패턴을 통해 잠재적인 미래 시나리오 제공 등에서 강점을 가지며, 이러한 모델링의 장점은 비용편익분석 등 전통적인 연구 방법과 결합할 수 있다.

한편, 디지털 트윈 또는 인공지능 기반 시뮬레이션 모델링을 전통적인 연구 방법과 결합해야 하는 또 다른 이유는 그러한 시뮬레이션 모델링의 작동에서 나타나는 알고리즘의 편향성 문제와 관련돼 있다. 무엇보다도 디지털 트윈 및 인공지능 기반 시뮬레이션 모델링에서 사용되는 알고리즘은 체계적인 편향성을 가질 수도 있다. 많은 연구는 이미 인공지능 알고리즘의 편향성이 특정 집단에 대한 특별한 혜택으로 이어지는 문제를 야기할 수 있고, 나아가서는 시스템 차원의 체계적인 편향성을 유발할 수 있음을 강조한다(de Brujin, Warnier, & Janssen, 2021; Janssen et al., 2022). 구체적으로, 알고리즘에 따른 의사결정이 그 자체로 공정하다는 보장은 없으며, 시뮬레이션 모델링의 투입 변수가 체계적인 편향이 있는 채 실시간 데이터가 반영된다면 그에 따른 자동적인 알고리즘 판단은 사회적 불평등을 강화할 수도 있다. 그래서 전통적인 연구 방법을 통해 디지털 트윈 및 인공지능 기반 시뮬레이션 모델링이 고려하지 않은 투입 변수들을 고려하고 그에 기반한 시나리오를 통해 어떤 차이를 만들어 낼 수 있는지 살펴보는 것은 의미가 있다. 이 장은 이러한 문제의식에 기반해 디지털 트윈 기반 시뮬레이션 모델링을 전통적인 경제적 편익 추정 기법인 조건부 가치측정법과 어떻게 결합할 수 있는지에 대해 다룬다. 이 장은 특히 조건부 가치측정법을 통해 시뮬레이션 모델링에서 활용될 수 있는 시나리오를 어떻게 개발할 수 있는지에 초점을 맞춘다.

4 사례 선택: 세종시 공공자전거(어울링)에 대한 디지털 트윈 시스템 구축

세종시는 2012년 중앙행정기관의 이전을 목적으로 출범했는데, 도심 지역을 구성하는 행정중심복합도시가 백지 상태의 부지에 새로 조성된 계획도시라는 특성이 있다. 이에 중앙정부는 도시에 혁신적인 기술을 접목해 삶의 질을 개선하고자 하는 이른바 '스마트시티' 구축 사업을 여러 단계로 진행했다.[1] 중앙정부 주도의 스마트시티 사업이 주로 개발계획이 없는 부지에 혁신 기술의 실증 장소를 새로 건설하는 것에 집중하고 있기에, 세종시는 이와 별도로 이미 시민들이 거주하고 있는 공간에서 발생하는 도시 문제를 완화하고자 하는 계획을 수립했다(세종특별자치시·한국행정학회, 2019).

이와 같은 계획의 대표적인 사례가 이 장의 분석 대상인 '도시행정 디지

---

[1] 대표적인 사업은 다음과 같다. 먼저, 중앙행정기관이 입주한 행정중심복합도시 건설이 다른 2기 신도시들과 함께 '유비쿼터스 도시(U-City)'로 계획돼 도시통합운영센터 등 정보통신 인프라가 구축됐다. 둘째, 2018년에는 관내 5-1 생활권이 '스마트시티 국가시범도시'로 지정돼, 정부의 전폭적인 지원 아래 혁신 기술을 도시에 접목할 수 있게 됐다. 셋째, 2019년에는 행정중심복합도시 지역이 '규제자유특구'로 지정돼, 완화된 법령의 규율 아래 자율주행 서비스를 실증할 수 있게 됐다.

털 트윈 프로젝트'다. 한국전자통신연구원이 2018년부터 2022년까지 총 5개년 계획으로 진행한 이 프로젝트는 공공자전거의 운영 개선과 재배치 효율화, 광역 급행버스 노선 신설에 따른 수요 예측, 금강 내 교량의 신설 위치와 파급 효과 등 여러 형태의 교통 문제 해결을 목표로 하고 있다. 이를 위해 세종시는 과 단위의 지원조직(지능형 도시과)이 시뮬레이션에 필요한 데이터를 제공하고 관계 기관 협조에 적극적으로 나서는 등 지방정부 차원에서 지원하고, 한국전자통신연구원은 행위자 기반 시뮬레이션 모델링을 바탕으로 세종시 요구 사항에 대한 프로젝트를 진행했다. 특히 공공자전거의 운영 개선과 재배치 효율화는 보행·자전거 중심의 교통계획을 수립한 세종시의 정책적 요구와 행위자 기반 모사가 비교적 정밀한 수준에서 가능하다는 점에서 이 프로젝트의 핵심적인 부분이 됐다(세종특별자치시, 2022b; 정영준 외, 2021).

한국전자통신연구원은 디지털 트윈 기술을 기반으로 삼아 세종시에서 공공자전거 이용 행태 확률 시뮬레이션 모델링을 개발했다(배장원 외, 2021). 먼저 자전거 이용자의 행태를 자전거 대여, 자전거 이동, 자전거 반납으로 나누고, 다음으로 자전거 이용자가 자전거 대여 장소 및 시점, 자전거 이동 목적지, 자전거 이동 시간을 추정하는 모델링을 개발했다(배장원 외, 2021). 그리고 자전거의 수, 대여소의 수, 대여소 위치, 자전거 도로망 등에 대한 기본 데이터에 더해서 실시간 대여소의 거치소 관련 정보, 자전거 이용자 관련 실시간 데이터(대여 반납 이력, 가입자 정보, 시간대별 대여소 자전거 수)의 실시간 데이터를 모델링에 투입한다(세부 내용은 다음의 [그림 3-1] 참조).

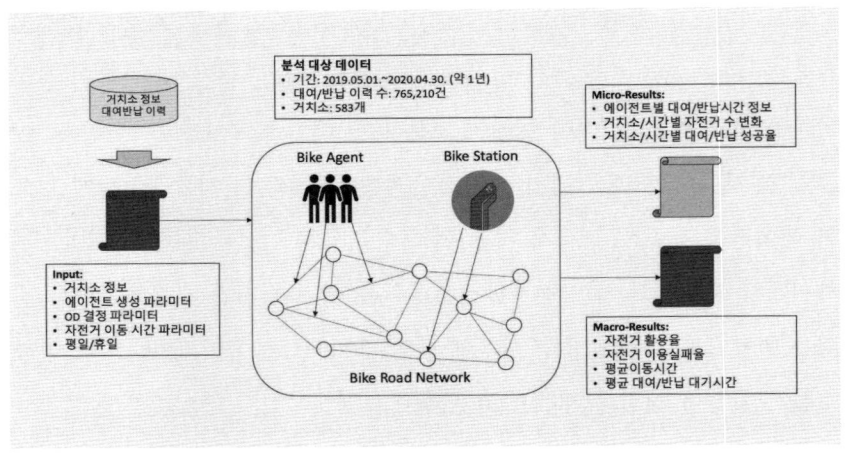

출처: 배장원 외(2021: 109).

[그림 3-1] 세종시 공공자전거 시뮬레이션 모델링 개괄

　세종시를 포함한 여러 도시가 공공자전거 시스템 운영을 지속해서 확대하고 있으며, 그로 인해 소요되는 연간 운영비 등을 고려할 때 공공자전거 시스템 운영을 평가하고 공공자전거 시스템의 경제적 편익을 분석하는 것은 중요하다. 공공자전거는 지역 내 시민 누구나 쉽게 접근 가능하며, 교통 시스템 전체의 맥락에서 시민들의 이동 수단으로 유용할 수 있다(도명식·노윤승, 2014). 공공자전거 시스템 운영이 확대되는 것은 세계적인 추세이며, 국내외에 출판되는 많은 연구가 공공자전거 이용 실태에 대한 결과들을 제시하고 있다(Shaheen, Cohen, & Martin, 2013; Shaheen, Guzman, & Zhang, 2010; Yang & Kim, 2012). 그러한 점에서 세종시 공공자전거 디지털 트윈 기반 시뮬레이션 모델링은 공공자전거 사업과 정책을 위한 사

전적이고 정교한 예측을 제공함으로써 공공자전거 시스템의 효과적인 관리와 운영을 도울 것으로 기대된다.

5 연구방법론: 조건부 가치측정법을 활용한 시나리오 개발

이 장은 세종시 공공자전거 어울링에 대한 디지털 트윈 기반 시뮬레이션 모델링과 전통적인 연구 방법의 결합을 추구하며, 이를 위해 전통적인 연구 방법의 연구 결과들을 시뮬레이션 시나리오로 전환하는 것을 다룬다. 시뮬레이션 모델링의 투입 데이터에 포함되지 않은 연구 결과로 만든 시나리오를 적용해서 시뮬레이션 예측 결과를 산출할 수 있다. 여기에서는 전통적인 연구 방법을 통해 어떻게 시뮬레이션 모델링에서 활용할 수 있는 시뮬레이션 시나리오를 만들 것인지에 초점을 맞춘다.

이를 위해 이 장은 세종시 공공자전거 어울링에 대한 세종 시민의 지불 의사 금액을 파악하기 위해 조건부 가치측정법(Contingent valuation method: CVM)을 사용한다. 조건부 가치측정법이란 논의되는 비재화에 대한 가상적인 상황을 설정하고 시민들에게 가상적인 변화에 대한 비용 지불 의사를 물어보는 방법이며, 고전적인 지불 의사 측정 방법 중에 하나다(한국개발연구원, 2012; Brouwer et al., 1999; Langford, 1996; Langford, Bateman, & Langford, 1996). 기존의 여러 국내 연구는 조건부 가치측정법을 활용해 고양시, 창원시, 대전시 등 지방정부가 운영하는 공공자전거의 경제적 편익을 분석하려고 시도해 왔다(김동준 외, 2014; 신희철·김동준·정성엽, 2012; 이재영·한상용, 2016). 공공자전거의 경제적 편익을 조건부 가치측정법으로 연구가 누적된 점을 고려해 볼 때, 세종시 공공자전거 어울링에 대해 조건부 가치측정법을 활용해 경제적 편익을 분석하기 용이하다.

이 장은 공공자전거에 대한 기존의 경제적 편익 분석 연구들을 참조해 다음과 같이 조건부 가치측정법 분석을 위한 연구를 설계했다.

첫째, 시민들에게 지불 용의를 묻는 구간을 2,000원에서 20,000원으로 총 10개 구간(2,000원, 4,000원, 6,000원, 8,000원, 10,000원, 12,000원, 14,000원, 16,000원, 18,000원, 20,000원)으로 설정했다. 이것은 기존 연구들(김동준 외, 2014; 신희철·김동준·정성엽, 2012; 한상용·신희철·김동준, 2013)은 시민들에게 지불 용의를 묻는 전체 구간을 대체로 2,000원에서 20,000원으로 설정했다는 점을 감안한 것이다. 이러한 구간은 4,000원에서 14,000원의 구간을 설정한 이재영·한상용(2016)의 연구를 제외하면 기존 연구들의 표준적인 질문 구간이다.

둘째, 지불의사액을 추정하는 방법으로는 이중경계모형과 스파이크모형을 활용했다. 단일경계모형은 대상자에게 단 하나의 지불 용의 질문만을 하고 그에 기반해 지불 용의를 추정하는 방법인데, 이와 달리 이중경계모형과 스파이크모형은 대상자의 첫 번째 지불 용의 질문에 대한 응답에 따라 후속 질문을 통해 세밀하게 지불 용의를 추정할 수 있다(신희철·김동준·정성엽, 2012). 스파이크모형은 이중경계모형과 다르게 대상자가 첫 번째, 두 번째 지불 용의 질문에 대해 지불 의사 없음을 표시한 경우 단 1원에 대해서도 지불 용의가 없는지를 물음으로써 좀 더 세밀하게 지불 용의를 추정할 수 있다(신희철·김동준·정성엽, 2012).

셋째, 이 장은 공공자전거 어울링 이용자들의 목표 표본 수를 300명 이상으로 했다. 이는 기존 연구가 300명을 목표 표본 수로 연구를 진행한 점을 반영한 것이다. 신희철·김동준·정성엽(2012)은 고양시에 대해 301명, 그리고 창원시에 대해 317명을 표본으로 연구를 진행했고, 이재영·한상용(2016)은 대전시에 대해 303명을 표본으로 연구를 진행했다.

넷째, 세종시에 거주하는 세대주나 주부만을 지불 용의를 묻는 대상으로 했다. 기존 연구들이 공공자전거의 경제적 편익을 확인하기 위해 지불 용의를 물을 때 지불 용의란 공공자전거 규모 확대를 위해 지방세를 낼 의사를 가지고 있는지로 물어 보는 점을 고려했다(김동준 외, 2014; 신희철·김동준·정성엽, 2012; 한상용·신희철·김동준, 2013). 결국 이러한 형태의 가상적인 질문이 유효하기 위해서는 질문의 대상자가 지방세를 내는 주체일 필요가 있다.

여기에 기존의 공공자전거 편익 분석 연구들이 가지고 있는 한계를 식별해 보완하고자 했다.

첫째, 기존 연구들은 공공자전거 이용자의 경제적 편익을 도출하는 데 맞추는 것과 달리, 이 장은 아직 공공자전거를 이용하지 않는 잠재적 이용자의 경제적 편익을 도출하는 것을 함께 진행했다. 교통시설(예를 들어, 교량이나 터널 건설)이나 환경시설과 같은 비재화의 경제적 편익을 분석할 때 그 시설을 이용하지 않는 시민들도 포함하는 것처럼(한국개발연구원, 2012) 잠재적 이용자들도 공공자전거에 대한 경제적 편익을 가질 수 있다.

둘째, 공공자전거 이용자 및 잠재적 이용자의 경제적 편익을 도출하는 데만 초점을 맞추지 않고 어떤 요인이 그러한 경제적 편익에 영향을 미치는지를 분석하는 데 더 많은 초점을 뒀다. 기존의 연구들은 경제적 편익 분석 결과로 세대당 어느 정도의 지불 의사를 가지는지를 도출하는 데 초점을 맞추는 경향이 있다. 이와 달리 이 장은 공공자전거 이용자와 잠재적 이용자를 나눠서 이들 각각의 집단의 경제적 편익에 미치는 영향 요인을 분석하고, 이를 활용해 시뮬레이션 시나리오를 개발하는 데 관심을 가진다.

이 장은 세종시 공공자전거의 경제적 편익을 추정하기 위해 디지털 트윈 시뮬레이션 모델링을 수행하는 한국전자통신연구원과 긴밀하게 협조해 설문조사 업체를 선정했고, 이 업체는 2022년 8월 22일부터 9월 21일까지 설문조사를 진행했다. 설문조사 대상자에게 가상의 상황에 대한 까다로운 질문을 하는 점을 고려해 전부 면접조사법으로 진행했다. 기존 연구들을 참조해 대여소 주변에서 설문조사에 응할 의사를 가진 세대주 또는 주부를 대상으로 진행했다(김동준 외, 2014; 신희철·김동준·정성엽, 2012). 또한, 연구의 엄밀함을 높이기 위해 행정안전부에서 공개하는 2022년 8월 기준 지역별 세부 인구 데이터를 참조해 생활권별로 성별 인구 비례와 거의 비슷하도록 표본을 구성했다(〈부록-표 1〉 참조). 세종시의 인구 통계 정보를 활용해 20대에서 60대 이상까지 세종시의 성별 인구 비례와 비슷하도록 표본을 구성하기 위해 노력했다(〈부록-표 2〉). 이용자 총 316명과 잠재적 이용자 총 201명의 표본을 확보해 연구에 활용했다.

다음으로 이 장은 분석 결과에 기반해 경제적 편익에 영향을 미치는 요인을 고려해 예시 시나리오를 구성하기 위한 작업을 진행했다. 시뮬레이션 시나리오를 구성하기 위해서는 다음의 두 가지를 고려해야 한다.

첫째, 시뮬레이션 시나리오가 타당하기 위해서는 시뮬레이션 시나리오로 전환될 정책 대안이 타당성 있다는 과학적 증거를 가지는지(즉, 증거 기반 정책)가 중요하다. 기존 연구들에 따르면, 공공자전거의 대여소별 수요에 따른 재고의 불균형을 해소하고 서비스 운영의 효과를 높이는 방법으로는 자전거의 총 숫자를 늘리거나(Sayarshad, Tavassoli, & Zhao, 2012), 자전거를 적절한 위치에 재배치하거나(Freund, Henderson, & Shmoys, 2022; Camporeale, Marinelli, & Ottomanelli, 2018), 대여소의 위치를 최적화하는 방법(Lin & Yang, 2011; Garcia-Palomares, Gutiérrez, & Latorre, 2012; Angelopoulos et al., 2016) 등이 가능하다. 그러나 정책 대안이 과학적 증거를 가지기 위해서는 전통적인 연구 방법에 의해 과학적인 검증을 거쳐야 하고, 여기에서는 이를 위해 여러 지방 도시의 공공자전거에 동일하게 적용해 연구 설계에 대한 노하우와 연구 결과가 축적돼 있는 조건부 가치측정법을 활용했다.

둘째, 그러한 정책 대안이 어떻게 시뮬레이션 시나리오로 전환될 수 있는지를 고려해야 한다. 어떤 정책 대안을 시뮬레이션 모델링을 통해 사전적으로 예측하려면 시뮬레이션 모델링에 적합한 언어와 형태로 전환해야 한다. 공공자전거 어울링에 대한 디지털 트윈 기술 기반 시뮬레이션 모델링에서 핵심 구성 요소(component)는 자전거와 대여소, 자전거도로이고, 이 중에서 자전거와 대여소와 관련된 투입 조건을 변화시키는 것이 가능하다(배장원 외, 2021). 이를 감안할 때, 시뮬레이션 모델링에서 고려되는 전체 자전거의 수 조정, 대여소의 추가·폐쇄 등 대여소 위치 재조정 등이

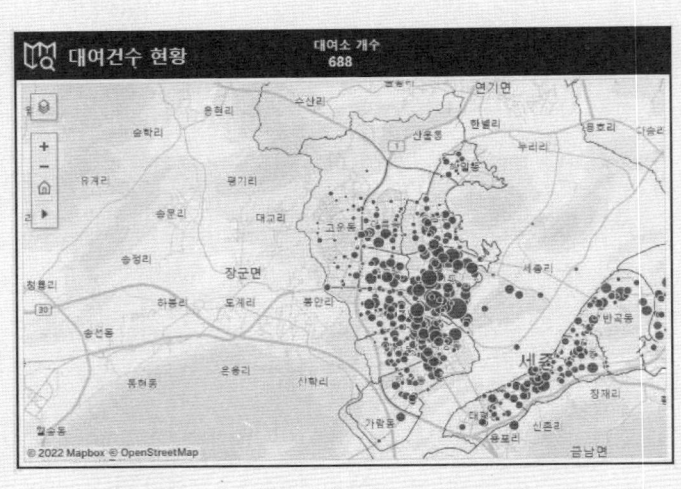

[그림 3-2] 세종시 공공자전 어울링의 실시간 데이터를 포함한 대시 보드

가능하다. 특히 대여소 위치 재조정은 전체 공공자전거 규모를 통제한 상태에서 대여소 위치 재조정 시나리오가 공공자전거 어울링의 운영 효율성 및 효과성에 어떻게 기여할 수 있는지 보여 줄 수 있다. 선행 연구에서 자전거 대여소 위치의 최적화에는 주로 자전거 경로의 네트워크 구조와 대여소의 유효 범위를 고려한다(Lin & Yang, 2011). 다만, 이와 같은 방식은 대여소별 이용량과 대여소 간 거리 등 물리적 요소를 주로 고려하기에 이용자와 잠재적 이용자의 이용 의도나 경제적 편익 등에 대한 고려를 담지는 못한다. 이에 반해 이 연구가 제시하는 대여소 위치 재조정 시나리오는 이용자와 잠재적 이용자에 대한 경제적 편익 분석 결과를 반영해, 공공자전거 운영 전략의 반영이 가능하다는 장점이 있다. 정리하면, 이 장에서는 경제적 편익에 영향 미치는 요인들을 고려해 이용자와 잠재적 이용자가 중요하게 생각하는 요소를 식별해 이를 반영한 대여소 위치 재조정 시나리오를 제시할 것이다.

예시 시나리오 작성 시 한국전자통신연구원의 디지털 트윈 연구팀의 도움을 얻어 디지털 트윈 시스템에서 제공하는 자전거 이용자, 대여소, 재배치와 관련된 실시간 정보를 현시하는 대시 보드에 접근했다([그림 3-2]). 특히 이 대시 보드에서 기관별 대여소 대여 및 반납 현황, 대여소의 위치 정보(위·경도), 대여소별 자전거의 이동 경로 등에 대한 정보를 얻을 수 있었다. 이에 근거해 구글 지도의 GPS 기능을 활용해 이용자와 잠재적 이용자에 대한 대여소 위치 재조정 시나리오를 구성했다.

6 기술 통계와 경제적 편익의 분석 결과

1) 기술 통계

이 연구는 조건부 가치측정법을 통해 더욱 정교한 분석을 하기 위해 지불 용의만을 도출하지 않고 공변량 변수를 포함시킴으로써 지불 용의에 영향을 미치는 요인들을 분석했다(〈표 3-1〉 참조[2]). 기존 공공자전거 지불 용의 연구에서 구성한 모형을 참조해 지불 용의에 영향을 미칠 수 있는 인구 통계적 요인과 교통수단 보유 여부 등을 모형에서 활용했다. 여기에 더해 기존 연구의 모형을 참조해 이용자들의 경제적 편익을 분석할 때 이용 관련 편의와 관련된 요인을 추가했다.

〈표 3-1〉 공변량 변수의 정의와 기초통계량

변수명	변수의 정의	평균	표준편차
연령	응답자의 나이(20대=1, 30대=2, 40대=3, 50대=4, 60대=5)	2.812	1.177
성별	응답자의 성별(남성=1, 여성=0)	0.491	0.500
교육 수준	응답자의 정규 교육 정도(중학교 이하=1, 고등학교=2, 대학교(4년제 미만)=3, 대학교(4년제 이상)=4, 대학원 졸업=5)	3.406	6.023
건강 유의 수준	응답자의 운동 정도(전혀 안 함=1, 거의 안 함=2, 보통임=3, 많이 함=4, 매우 많이 함=5)	3.029	0.727

---

[2] 연령, 성별, 교육 수준, 건강 유의 수준, 자동차 소유, 개인자전거 소유, 미래 전동 킥보드 이용 의사는 이용자와 잠재적 이용자 모두 포함한 표본 전체의 기초통계량을 나타내고 있고, 접근 시간, 이용 만족도, 이용 빈도, 이용권 정기 구매는 이용자 표본의 기초통계량을 나타낸다.

자동차 소유	자동차 소유 여부(소유=1, 비소유=0)	0.748	0.434
개인 자전거 소유	개인 자전거 소유 여부(소유=1, 비소유=0)	0.213	0.413
미래 전동 킥보드 이용 의사	향후 3년 이내 전동 킥보드 이용 의사(있음=1, 없음=0)	0.761	0.427
접근 시간	어울링 설치 장소와 주거지와의 거리 (도보 5분 미만=1, 도보 5~15분 미만=2, 도보 15~30분 미만=3, 도보 30분 이상=4)	1.778	0.718
이용 만족도	응답자의 어울링에 대한 만족 수준(매우 불만족=1, 약간 불만족=2, 보통임=3, 약간 만족=4, 매우 만족=5)	3.943	0.609
이용 빈도	응답자의 어울링 사용 정도(월 1회 이하=5, 월 2~3회=2, 주1~2회=3, 주3~4회=4, 주5회 이상=5)	2.851	0.973
이용권 정기 구매	이용권의 정기 구매 여부 (정기 구매=1, 일일 이용권 이용=0)	0.282	0.451

　세종시 공공자전거의 경우 이용자의 대여 후 이용 시간은 대체로 30분 이내로 이용하는 비중(62.9%)이 높은 것으로 나타났다(다음 [그림 3-3] 왼쪽 그래프 참조). 이러한 비중은 기존의 연구들(신희철·김동준·정성엽, 2012; Shaheen et al., 2010, 2013)을 고려해볼 때 고양시(31.9%)나 창원시(50.2%)보다는 높으나 미국의 주요 도시들보다는 낮은 것으로 나타났다(워싱턴(85%), 미네소타(88%)). 또한, 세종시 공공자전거 이용자들은 자전거 대여소에 대체로 도보 15분 이내(87.6%)에 도달 가능한 것으로 나타나 상당히 높은 접근성을 가진 것으로 보인다([그림 3-3] 오른쪽 그래프 참조).
　또한, 세종시에서 공공자전거 이용자들은 '통근/통학', '업무/상업/배달' 등 정기적인 활용 목적보다는 '생활 이동' 등 비정기적인 단거리 이동 소요가 있을 때 활용하는 경우가 많은 것으로 나타났다([그림 3-4]의 왼쪽 그

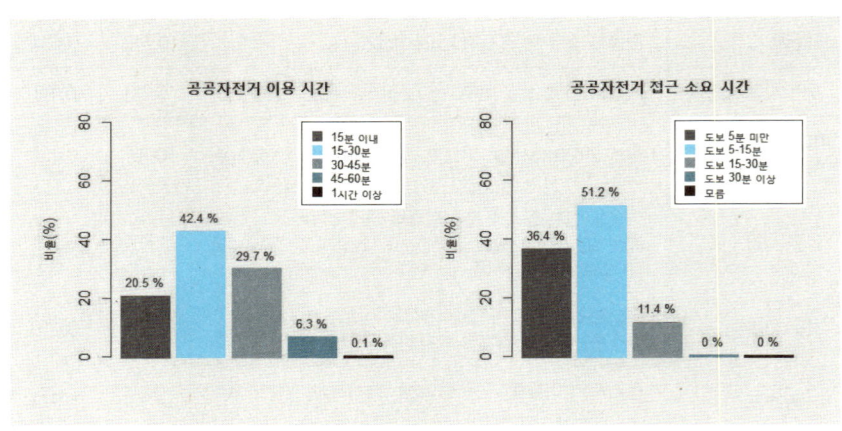

[그림 3-3] 세종시 공공자전거의 이용 시간 및 접근 소요 시간

래프 참조). 이러한 점은 통근/통학 목적으로 이용하는 경우가 높은 중국의 도시들-베이징(79%), 상하이(75.4%)-이나 미국의 도시들-워싱턴(38%), 미네소타(38%)(Shaheen et al., 2010, 2013)-과 구분된다. 또한, 공공자전거 이용자들은 대체로 대중교통과 연계해 이용하지 않으며(86.4%)([그림 3-4]의 오른쪽 그래프 참조), 이는 이용자들이 단거리 이동 수요 발생 시 공공자전거만으로 목표 지점에 도달하는 특징을 나타낸다.

한편, 세종시 공공자전거 이용자들과 잠재적 이용자들이 미래 전동 킥보드 이용 의사에서 뚜렷한 차이를 보여 주고 있다. 구체적으로, 공공자전거 이용자들은 뚜렷하게 높은 미래 전동 킥보드 이용 의사를 보여 주며([그림 3-5]), 이는 공공자전거 이용자들의 공공자전거 이용 의도와 상당히 연관이 있을 가능성을 보여 준다.

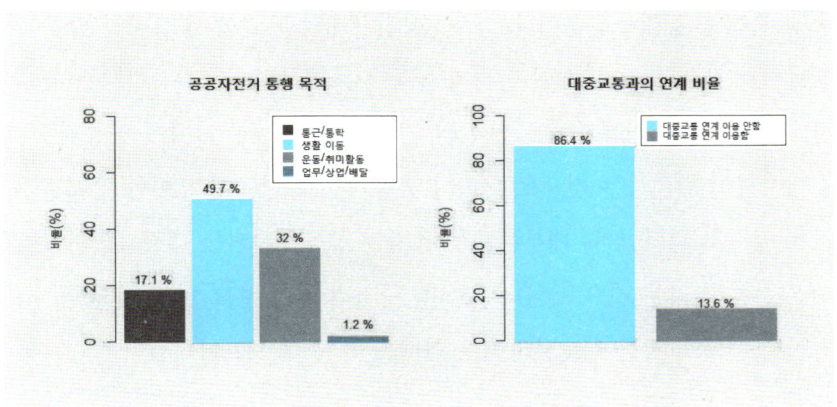

[그림 3-4] 공공자전거 통행 목적 및 대중교통과의 연계 비율

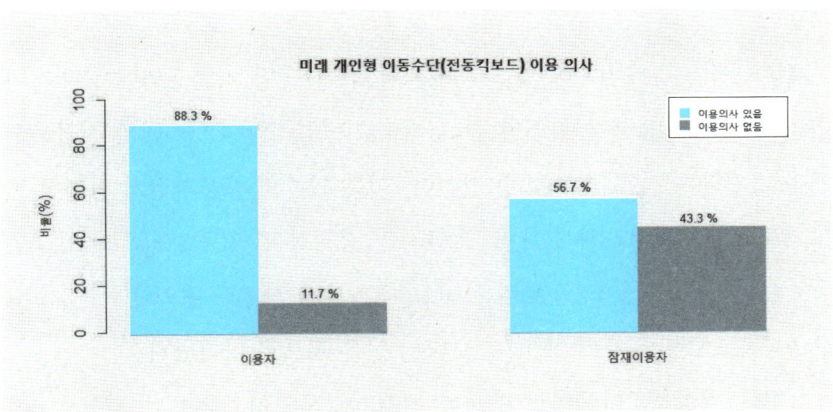

[그림 3-5] 미래 전동 킥보드 이용 의사

 이상의 연구 결과를 통해 세종시 공공자전거 이용자들은 단거리 이동 소요가 있을 때 간헐적으로 공공자전거를 이용한다는 특성이 있음을 확인 했다. 세종시 공공자전거 이용자들의 이용 시간은 대체로 짧고(30분 이내),

통행 목적도 통학·통근이나 업무·상업·배달과 같은 정기적인 활용 목적보다는 생활 이동 목적의 단거리 이동 수요가 높은 것으로 분석된다. 또한, 공공자전거 이용자들은 자신의 거주지에서 15분 이내에 공공자전거 스테이션이 위치하는 것으로 나타나 공공자전거 접근에 용이한 곳에 위치하는 것으로 나타났다. 대부분의 이용자는 공공자전거를 대중교통과 연계해 사용하지 않는 것으로 나타났으며, 단거리 이동 수요 발생 시 공공자전거만으로 목표 지점에 도달하려는 의도를 가진 것으로 나타났다.

2) 경제적 편익 분석 결과

세종시의 공공자전거에 대한 이용자들의 가구 당 지불용의액을 추정한 결과는 〈표 3-2〉에서 확인할 수 있다. 1가구 당 약 4,500원의 지불용의액을 가진다는 점을 확인할 수 있었다. 이는 기존의 공공자전거 경제적 편익 추정 연구와 비교해서 보면, 고양시의 경제적 편익(공변량을 포함한 스파이크 모형 기준으로 5,313원)보다는 낮고 대전시의 경제적 편익(공변량을 포함한 스파이크 모형 기준으로 3,017원)보다는 높은 것으로 나타났다.

그러나 지방자치단체별로 조사한 시점(고양시의 경우 2012년, 대전시의 경우 2014년)이 다르고, 지방자치단체별로 인구밀도, 면적, 산업구조 등이 다르기 때문에 이러한 가구 당 공공자전거 지불용의액을 절대적으로 비교하는 것은 적합하지 않다. 그러한 점에서 가구 당 지불용의액을 통해 경제적 편익을 단순 비교하기보다는 경제적 편익에 영향을 미치는 요인을 분석할 때 각 도시별 공공자전거 운영을 도울 수 있는 지점을 포착할 수 있다.

⟨표 3-2⟩ 가구당 공공자전거 지불용의액 추정

이중경계 모형		스파이크 모형	
공변량 제외	공변량 포함	공변량 제외	공변량 포함
4,502원 (4,058~4,969)	4,468원 (3,888~4,998)	4,559원 (4,101~5,043)	4,471원 (4,002~5,056)

 그래서 이 연구는 공공자전거 이용자들의 경제적 편익의 결정 요인을 분석했다(⟨표 3-3⟩ 참조). 특히 공공자전거의 경제적 편익을 추정하는 기존 연구들이 인구통계적인 변수를 주로 활용하는 것과 달리 이 연구는 경제적 편익에 영향을 미칠 수 있는 공공자전거에 대한 직접적인 이용 편의와 목적과 관련된 요인을 추가했다. 이를 통해 다음과 같은 분석 결과를 확인할 수 있었다.

 첫째, 공공자전거 이용자들은 '공공자전거 접근 시간'이 길어질수록 공공자전거의 경제적 편익을 낮게 평가하는 경향이 있었다. 이는 이용자들이 공공자전거의 가치를 평가하는 데 해당 서비스에 얼마나 접근이 쉬운지를 중요하게 고려한다는 것을 시사한다.

 둘째, '미래 킥보드 이용 의사'가 높을수록 이용자들은 공공자전거의 경제적 편익을 낮게 평가하는 뚜렷한 경향성을 보였다. 공공자전거의 이용자들은 1인용 개인 이용 수단(킥보드)을 자신들의 단거리 이동 수요를 대체할 수 있는 수단으로 고려하고 있음을 시사한다. 다시 말해, 공공자전거와 1인용 개인 이동 수단은 상당한 대체 관계를 가질 가능성이 있다.

 셋째, 고양시, 창원시에 대한 공공자전거 경제적 편익 연구와 다르게 인구통계적인 변수가 경제적 편익에 유의미하게 영향을 미치지 않는 것으로

〈표 3-3〉 세종시 공공자전거에 대한 이용자들의 경제적 편익 영향 요인 분석 결과

변수명	이중경계 모형		스파이크 모형	
	모델1	모델2	모델1	모델2
상수	4.048 *** (0.971)	2.609 * (1.459)	4.048 (0.971)	2.683 ** (1.231)
제시 금액	−0.514 *** (0.050)	−0.533 *** (0.519)	−0.514 *** (0.050)	−0.533 *** (0.038)
연령	0.075 (0.151)	0.006 (0.162)	0.075 (0.151)	0.177 (0.132)
성별	0.283 (0.336)	0.084 (0.354)	0.283 (0.336)	0.186 (0.283)
교육 수준	0.001 (0.016)	−0.002 (0.016)	0.001 (0.016)	−0.0001 (0.016)
건강 유의 수준	0.105 (0.238)	0.066 (0.256)	0.105 (0.238)	0.245 (0.215)
자동차 소유	0.073 (0.384)	0.308 (0.399)	0.073 (0.384)	−0.213 (0.311)
개인 자전거 소유	−0.687 (0.458)	−0.910 * (0.479)	−0.687 (0.458)	−0.577 (0.364)
미래 전동 킥보드 이용 의사	−2.764 *** (0.549)	−2.564 *** (0.578)	−2.764 *** (0.549)	−2.092 *** (0.532)
접근 시간		−0.650 ** (0.259)		−0.995 *** (0.214)
이용 만족도		0.597 ** (0.291)		0.334 (0.241)
이용 빈도		0.108 (0.204)		0.245 (0.160)
이용권 정기 구매		0.401 (0.387)		0.321 (0.325)

*** : .01, ** : .05, * : .10

나타났다. 이에 대해서는 여러 가지 해석이 가능할 수 있다. 가장 가능성이 높은 해석은 세종시의 공공자전거 시스템이 이용자들에게 단거리 이동 수요라는 특정 수요에 대한 교통수단으로 자리 잡아서 이용자의 이용 편의와 목적과 관련된 요인이 인구통계적 변수들보다 중요하게 작동한다는 것이다. 또한, 표본 선정 단계에서 인구통계적 변수를 세종시 실제 인구통계구조와 최대한 유사하도록 노력한 것이 영향을 미친 것일 수도 있다.

〈표 3-4〉 어울링 이용자와 잠재적 이용자의 경제적 편익 결정 요인 비교

변수명	어울링 이용자	잠재적 이용자
상수	4.048 (0.971)	−6.117 *** (1.335)
제시 금액	−0.514 *** (0.050)	−0.460 *** (0.072)
연령	0.075 (0.151)	0.117 (0.171)
성별	0.283 (0.336)	−0.320 (0.348)
교육 수준	0.001 (0.016)	0.590 *** (0.215)
건강 유의 수준	0.105 (0.238)	0.667 *** (0.228)
자동차 소유	0.073 (0.384)	1.205 * (0.690)
개인 자전거 소유	−0.687 (0.458)	0.169 (0.410)
미래 전동 킥보드 이용 의사	−2.764 *** (0.549)	0.384 (0.380)

*** : .01, ** : .05, * : .10

이어서 이용자들과 잠재적 이용자들이 다른 특성을 가진 집단일 수 있는 점을 고려해 잠재적 이용자들의 경제적 편익에 대해서도 비교했다(〈표 3-4〉 참조). 분석 결과, 잠재적 이용자들은 공공자전거 이용자들과 상당히 다른 유인 구조를 가지는 것으로 나타났다.

첫째, 잠재적 이용자들은 건강에 관심을 가질수록 공공자전거의 경제적 가치를 높게 평가하는 경향이 있었다. 잠재적 이용자들은 이용자들과 달리 건강에 관심을 가진 경우에 뚜렷하게 공공자전거의 가치를 높게 평가하는 경향이 있었다.

둘째, 잠재적 이용자들은 미래 전동 킥보드 이용 의사에 따라 공공자전거의 경제적 편익을 높게 평가하는 뚜렷한 경향을 가지지 않았다. 이는 이용자들과 구분되는 부분으로 잠재적 이용자들은 이용자들과 달리 단거리 이동 수요에 대한 직접적인 이용 목적을 가지지 않기 때문에 공공자전거를 대체할 수 있는 수단으로 경제적 편익에 대한 인식에 영향 미치지 않는 것으로 보인다.

셋째, 잠재적 이용자들은 이용자들과 다르게 인구통계적 변수 중에서도 교육 수준이 높을수록 경제적 편익을 높게 평가하는 경향을 보였다. 환경시설 등 공공시설의 경제적 편익을 조건부 가치측정법으로 연구하는 연구(유승훈·김태유, 1999 등)에서 응답자의 교육 수준이 높을수록 높은 경제적 편익을 보이는 특징이 나타나는 것과 비슷하다. 이를 통해 이용자들은 자전거 이용의 접근 용이성 등 자전거 이용과 직접 연결해 경제적 가치를 평가하고 잠재적 이용자들은 일반적인 공공시설과 유사하게 경제적 가치를 평가하는 특성을 가진다고 추론할 수 있다.

공공자전거 어울링의 경제적 편익에 대한 분석 결과를 통해 다음과 같이 연구의 핵심적인 함의를 정리할 수 있다. 첫째, 세종시 공공자전거 이용자들이 간헐적인 단거리 이동 수요에 따라 공공자전거를 이용한다는 점을 고려해 볼 때, 세종시의 관할권 전체에 걸쳐 분산된 형태로 대여소를 운영하기보다는 핵심 이용 구역을 중심으로 대여소를 집중적이고 촘촘하게 활용하는 전략이 유용할 수 있다. 다시 말해, 단거리 이동이 원활하게 진행될 수 있도록 행복도시 구역의 핵심 이용 구간의 유용성을 높이는 전략이 유용하다. 둘째, 잠재적 이용자들은 공공자전거의 다양한 이용 가치(건강 증진 등)를 경제적 편익에서 중요하게 고려하는 것으로 나타난 점을 생각해 볼 때, 건강 증진이나 여가적 가치를 높일 수 있는 공공자전거 운영 전략을 마련하는 게 유용할 수 있다.

7 연구 결과에 기반한 시뮬레이션 시나리오 정리

이 장에서 제시하는 예시 시나리오는 대여소의 개수를 일정하게 유지하는 것을 전제하므로, 대여소 위치 재조정을 위해서는 일부 기존 대여소의 폐쇄가 필요하다. 세종시의 공공자전거 대여소 설치는 이용량을 기준으로 하되, 지역별 형평성과 저변 확대를 위해 외곽 지역에도 일정 수준을 두고 있다(세종특별자치시, 2022a). 그러나 공공자전거 어울링의 경제적 편익 분석 결과가 시사하는 것은 관할권 전체에 걸쳐 분산된 형태의 대여소 운영이 전체적인 공공자전거의 경제적 효율성을 저해할 수 있다는 점이다. 대여소 재조정을 위해 폐쇄 대상이 되는 대여소를 선정할 때, 다른 대여소와의 연계성을 중요하게 고려했으며 전체 영역의 주변부에서 고립돼 이용 가능성이 떨어지는 대여소를 탐색했다. 자전거 대여소라는 노드(node)를 자전거도로라는 링크(link)로 연결할 때, 중심성(centrality)이 낮은 대여소는 다른 대여소와 연계가 취약한 곳이라고 볼 수 있다. 이 지점들은 다른 대여소와 물리적 거리가 멀 뿐만 아니라, 자전거 대여소의 군집(cluster)으로부터 고립돼 이용량이 적다는 특징을 갖는다. 이렇게 다른 대여소와 연계성이 낮고 그래서 다른 대여소로부터의 고립 노드(isolated node)에 해당하는 대여소 7개를 폐쇄 대상 대여소로 봤다.

새로 설치하는 대여소는 공공자전거 이용자, 잠재적 이용자의 두 가지 관점에서 선정했다.

첫째, 공공자전거의 기존 이용자는 단거리 이동 수요가 크다는 점을 고려해 7개 신규 대여소 위치를 설정했다. 대여 순위 기준 상위 7개 대여소의 인근에서 대여 수요가 많을 것이라고 예상되는 지점을 꼽았다. 구체적으로 대여 순위 기준 상위 7개 대여소와 인근 대여소를 자전거도로로 연결할 때, 거리가 가장 긴 거리를 대상으로 했고, 해당 거리의 중간 지점으로부터 가장 가까운 곳이면서도 유동 인구가 많은 지점(버스정류장, 공공건물, 5층 이상 상가, 주차장)을 대여소의 신규 설치 지점으로 봤다. 대시 보드의 대여소 위치 정보 및 자전거 이동량, 대여소 인근의 GPS 및 구글 로드맵 정보 등을 종합적으로 고려해서 연구자 간 합의를 거쳐 대여소를 설정했다.

둘째, 잠재적 이용자가 건강 증진 목적을 가진다는 점과 이를 통해 잠재적 이용자들의 경우 단거리 이동 수요 외의 다른 목적을 가지고 공공자전거를 이용할 가능성이 크다는 점을 고려해 7개 신규 대여소의 위치를 설정했다. 세종시 내에 공원, 수목원 등 건강과 여가 목적으로 이용 편의를 높일 수 있으면서도 대여 수요가 많을 것으로 예상되는 지점을 꼽았다. 구체적으로 세종호수공원, 중앙공원, 그리고 국립세종수목원이 포함된 녹지공간 지역 내 대여 순위 기준 상위 7개 대여소와 인근 대여소를 자전거도로로 연결할 때, 거리가 가장 긴 거리를 대상으로 하면서, 해당 거리의 중간 지점으로부터 가장 가까운 곳에 있으면서도 유동 인구가 많은 지점(버스정류장, 자전거도로의 교차로, 공원 내 상가, 주차장)을 신규 설치 지점으로 봤다. 이상의 내용을 [그림 3-6]에 정리했다.

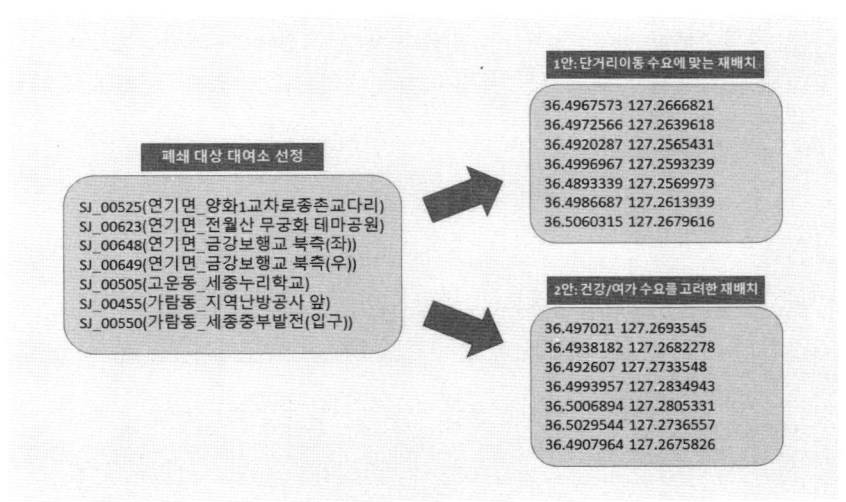

[그림 3-6] 대여소 위치 재조정 시나리오

8 연구의 의의와 향후 과제

 이 장에서는 디지털 트윈 기술이 지능적인 공공정책 의사결정을 가능하게 만들기 위해 디지털 트윈 기반 시뮬레이션 모델링과 전통적인 사회과학의 연구 방법 간에 결합의 중요성을 살펴봤다. 이를 위해 디지털 트윈 기반 시뮬레이션 모델링을 적용한 세종시 공공자전거 어울링의 관리 및 운영을 위한 시뮬레이션 시나리오를 어떻게 전통적인 연구 방법 중 하나인 조건부 가치측정법을 활용해 만들 수 있는지 살펴봤다. 이러한 경제적 편익 분석 결과에 따르면, 세종시 공공자전거 이용자들은 간헐적인 단거리 이동 수요를 중요하게 여기고, 현재 공공자전거를 이용하지 않는 잠재적 이용자들은 건강 증진 등 다른 이용 가치를 중요하게 여긴다. 이를 고려해 여기에서는 공공자전거 대여소 재배치 시나리오를 두 개로 정리했다.
 이 장은 이와 같은 공공자전거 대여소 재배치 시나리오를 예시적으로 제시함으로써 공공 부문에서 디지털 트윈을 활용할 때 전통적인 연구 방법과 결합해 어떻게 시나리오를 만들 수 있는지를 제시했다. 이러한 예시 시나리오를 시뮬레이션 모델링에 적용해 예측된 결과를 얻을 수 있고, 이를 고려해 다시 새로운 시나리오를 만들 수 있다. 이를 통해 정책 현장에서 정책 대안을 적용하는 데 많은 시간과 비용이 드는 것과 달리 이미 구축된 모델링에서 추가 비용 없이 정책 대안의 효과를 높일 수 있는 세부 방안을 테스트해 볼 수 있다. 해당 예시 시나리오가 그대로 긍정적인 예측 결과를 얻을 수도 있으나 예시 시나리오의 미세 조정을 통해 더욱 긍정적인 예측 결과를 얻을 수도 있다. 반대로 해당 예시 시나리오가 유의미한 변화를 이끌지 않는 것으로 예측되는 경우에 미세 조정을 통해 유의미한 변화를 이끌 수 있는 방법을 테스트해 볼 수 있다. 결국 시행착오를 통한 학습이 가상 세계에서 이뤄질 수 있으며, 정책 현장에서와 달리 비용 발생이나 책임성 저하 없이 다양하고 창의적인 시도를 통한 학습이 이어질 수 있다. 이를 통해 디지털 트윈 기술은 공공정책 과정을 역동적이고 학습 지향적인 형태로 변화시킬 수 있다.

현재 많은 연구가 이처럼 디지털 트윈 기술의 공공정책 과정을 역동적으로 만들 것이라고 전망하고 있지만(de Brujin, Warnier, & Janssen, 2021; Eom, 2022; Valle-Cruz et al., 2020; van Noordt & Misuraca, 2022), 그러한 전망이 실현되기 위해서는 몇 가지 고려할 것이 있다.

첫째, 디지털 트윈 시뮬레이션 모델링이 어떤 대상을 어떻게 타당성 있게 모델링할 수 있는지에 대한 충분한 고민이 필요하다(Harrison & Luna-Reyes, 2022). 아직 이러한 기술이 어느 공공정책 의사결정 대상에 적용하는 것이 적합한지에 대해 많은 것이 연구돼 있지 않다. 나아가서는 공공 분야에서 디지털 트윈 및 인공지능 기술을 연구하는 사람들이 생각하는 적용 대상과 실제 기술적으로 적용 가능한 대상 간에 상당한 괴리가 있을 수 있다. 디지털 트윈의 적용을 위해서는 첫째, 행위자가 명확해야 하며, 둘째, 정확하고 신뢰할 수 있는 행위자의 행태와 투입과 관련된 대규모의 데이터를 얻을 수 있어야 한다. 이 장은 그러한 점에서 디지털 트윈 기반 시뮬레이션 모델링이 어떤 대상(세종시 공공자전거)에 대해 어떻게 구성될 수 있는지에 대한 구체적인 사례를 제공해 준다.

둘째, 디지털 트윈 시뮬레이션 모델링이 일단 타당하게 구성됐다면 미래 결과의 예측을 위한 시뮬레이션 시나리오를 구축하기 위한 방법론의 발전이 필요하다. 시뮬레이션 시나리오를 구축하는 것에 대한 방법론이 잘 발전하고 정책 관계자들과 관리자들이 이해할 수 있어야 다양한 정책 시나리오의 테스트가 가능하고, 이를 통해 가상 세계에서의 시행착오를 통한 학습이 모색될 수 있다. 그런데 많은 경우에 시나리오의 구축에 대해서는 잘 다뤄지지 않으며, 심지어 그러한 시나리오를 어떻게 하면 정책 현장에서 의미 있는 과학적 증거를 가진 형태로 만들 것인지에 대해서는 거의 알려지지 않은 상황이다. 이 연구는 시뮬레이션 모델링과 전통적인 연구 방법의 결합을 통해 이 부분에 기여하는 데 특히 초점을 맞췄다.

셋째, 정책 관계자들과 관리자들이 이러한 디지털 트윈 및 인공지능 기술, 그리고 시뮬레이션 모델링을 정확하게 이해하기 어렵다는 점이다. 이러한 기술에서 복잡하고 난해한 용어의 활용과 함께 알고리즘에 대한 이해 부족은 공공정책 의사결정에서 정책 관계자들의 역할에 대한 중요한 질문을 던진다(Bullock, 2019; Young, Bullock, & Lecy, 2019). 자칫 공공정책 의사결정에서 정책 관계자들의 역할을 축소하고 알고리즘에 따라 의사결정이 자동화될 수도 있다(Bullock, 2019). 따라서 공공정책 의사결정을 위해 이러한 기술과 시뮬레이션 모델링이 어떻게 활용될 수 있는지를 이해하기 위해서는 다시 공공정책 의사결정에서 많이 활용되는 언어와 이론, 방법론이 필요하다.

이러한 상황에서 행정학 및 정책학 연구자들이 기술 전문가들과 정책 관계자들(또는 관리자들) 간에 중개자 역할을 하는 것이 필수적이다. 나아가서는 특히 알고리즘 편향성 문제(de Brujin, Warnier, & Janssen, 2022; Janssen et al., 2022)와 복잡하고 설명할 수 없는 알고리즘의 문제(Janssen et al., 2022; O'Sullivan et al., 2022)를 고려할 때 이러한 지식 중개자 역할의 중요성은 매우 크다. 이 연구는 이러한 상황에서 행정학과 정책학 연구자들이 시뮬레이션 모델링에 전통적인 연구 방법을 결합함으로써 디지털 트윈 기술의 공공 부문 활용에 크게 기여할 수 있음을 제시한다. 전통적인 연구 방법의 연구 결과를 시나리오로 전환함으로써 투입 데이터에서 발생하는 체계적인 알고리즘 편향성 문제에 대해 보완할 수 있다. 또한, 시뮬레이션 시나리오 전환을 위해서는 시뮬레이션 모델링에 대한 이해가 필수적이기 때문에, 연구자들은 이러한 결합을 모색하면서 높은 수준의 알고리즘과 모델링에 대한 이해를 할 수 있다.

이상의 연구 함의에도 불구하고 이 연구는 다음과 같은 한계를 가진다.

첫째, 시뮬레이션 시나리오 작성과 관련해 더욱 정교한 시나리오 작성을 위한 방법론의 개발이 필요하다는 점이다. 이 연구는 연구자들 간에 합의를 거치고 한국전자통신연구원과 협의를 거치는 것을 통해 자의성을 배제하기 위해 노력했으나, 더욱 정교한 시나리오 작성을 위한 방법론의 개발이 시급하다.

둘째, 연구자들이 시뮬레이션 모델링에 직접 참여한 것은 아니기 때문에 시뮬레이션 모델링과 이를 구성하는 알고리즘에 대해 제한적인 지식을 가지고 있다는 점이다. 이 문제를 해결하기 위해 이 연구는 시뮬레이션 모델링 개발자들과 오랜 시간의 협의를 통한 학습 기회를 거쳤으나 여전히 제한적인 지식에 기반을 두고 있다.

부록

〈부록-표 1〉 표본 할당 결과

	전체(명)	성별 구분	인원 수(명)	인원 비중(%)	표본 수
1생활권	77,852	남성	37,560	17.2	90
		여성	40,292	18.4	93
2생활권	56,154	남성	27,142	12.4	62
		여성	29,012	13.3	69
3생활권	34,329	남성	16,736	7.7	41
		여성	17,593	8.0	40
4생활권	16,593	남성	8,202	3.8	19
		여성	8,391	3.8	18
6생활권	5,463	남성	2,626	1.2	8
		여성	2,837	1.3	7
조치원읍	28,127	남성	15,295	7.0	39
		여성	12,832	5.9	31
총합	218,608	남성	107,651	49.2	259
		여성	110,957	50.8	258

〈부록-표 2〉 설문지역별 연령 및 성별 표본 수

연령 구분	전체(명)	성별 구분	인원 수(명)	인원 비중(%)	표본 수
20~29세	33,912	남성	16,843	7.7	41
		여성	17,069	7.8	40
30~39세	56,636	남성	26,922	12.3	65
		여성	29,714	13.6	63
40~49세	70,064	남성	34,553	15.8	79
		여성	35,511	16.2	80
50~59세	42,819	남성	22,034	10.1	52
		여성	20,785	9.5	53
60~69세	15,177	남성	7,299	3.3	22
		여성	7,878	3.6	22
소계	218,608	남성	107,651	49.2	259
		여성	110,957	50.8	258

[제4장]
디지털 트윈 기술과 정책 대안 결과 예측*

황한찬, 최한별, 신승윤

1 디지털 트윈이 정책 의사결정에 영향을 미칠 수 있을까?

　디지털 트윈 기술이 이른바 '지능정보화' 시대의 핵심 기술 중에 하나로 주목받음에 따라 공공 부문에서 디지털 트윈 기술을 어떻게 활용할 것인지에 대한 관심이 커지고 있다(이민영·김도형·임시영, 2020; 정영준 외, 2021; 황한찬·최한별, 2023). 디지털 트윈 기술은 ① 가상 세계에 현실 세계를 정확히 모사하는 타당성 있는 시뮬레이션 모델링을 구축하고, ② 가상 세계와 현실 세계를 연결하고 실시간으로 동기화하는 인터페이스를 구축

---

* 이 장은 황한찬·최한별·신승윤(2023), 디지털 트윈 기술을 통한 정책 미세조정의 가능성: 세종시 공공자전거 어울링 사례를 중심으로, 「한국정책학회보」, 32(2), 57-83을 도서 발간 목적에 맞춰 일부 수정한 것임을 밝힌다.

하며, ③ 다양한 시나리오를 통해 시뮬레이션을 수행하는 것을 핵심으로 한다(배장원 외, 2021; 이민영·김도형·임시영, 2020). 즉, 디지털 트윈 기술을 통해 현실 모델을 실시간으로 동기화하는 타당성 있는 가상 모델로 시뮬레이션할 수 있는데, 공공 부문에서는 가상 세계에서 현실 모델의 개선을 위한 여러 가지 정책 실험을 하는 형태로 활용이 가능하다.

디지털 트윈 기술의 잠재력에 대한 공공 부문의 관심이 증가하는 데 비해(Eom, 2022; 노재인·박형수·명승환, 2022), 디지털 트윈 기술이 공공 부문에서 정책 과정과 더 나아가서는 정책을 미세 조정하는 의사결정에 어떤 영향을 미치는지 거의 알려지지 않았다. 이 연구는 디지털 트윈 기술이 상황에 맞는 지능적인 정책 미세 조정에 어떻게 기여할 수 있는지 탐색하는 것을 목표로 한다. 먼저 이 연구는 이를 위해 역동적이고 순환적인 정책 과정을 강조하는 정책 주기 프레임워크(policy cycle framework)의 시각에서 디지털 트윈 기술이 시행착오를 통한 학습에 어떤 기여를 할 수 있는지에 주목한다. 정책 학습을 강조하는 여러 연구는 정책 현장에서의 시행착오를 통한 학습과 이를 통한 적응과 점진적인 개선을 강조한다(Bardach, 2001; Koliba, Meek, & Zia, 2017; Waardenburg et al., 2020). 그러나 정책 현장에서의 시행착오를 통한 학습은 많은 비용을 초래할 수 있어 행정의 책임성을 저해할 수 있다. 그러한 점에서 공공 부문에서 디지털 트윈 기술의 활용은 가상 세계에서 가상 모델에 대해 시행착오를 통한 학습을 가능하게 만들 것으로 기대된다.

다음으로 이 연구는 디지털 트윈 기술을 통해 다양한 시나리오에 대한 시뮬레이션 예측이 정책학에서 예측방법론에 대한 기존 논의의 관점에서 어떻게 이해될 수 있는지를 다뤘다. 시뮬레이션 모델링은 기본적으로 행위자를 둘러싼 신호를 통해 행위자(agent)의 관찰된 행태를 귀납적으로 타당성 있게 설명하는 모델을 구축하는 데에서 출발하는 점에서 외삽적 예측(extrapolative forecasting)에 기반을 두고 있다(Harrison & Luna-Reyes, 2022). 디지털 트윈 기술은 실시간 데이터의 수집과 관리에 기반한 반응적인 모델링을 통해 외삽적 예측의 정확도를 높일 수 있다.

마지막으로 이 연구는 디지털 트윈 기반 시뮬레이션 모델링의 산출을 어떻게 관리자에게 익숙하고 이해할 수 있는 형태로 전환할 수 있는지를 다룬다. 디지털 트윈 기반 시뮬레이션 모델링의 산출 결과는 행위자의 행태 예측이라는 점에서 해당 산출 결과 그 자체만으로는 이해하기 쉽지 않다. 그래서 이 연구는 자료포락분석(data envelopment analysis: DEA)을 통해 산출 결과를 관리자가 이해할 수 있는 형태로 전환하고 해석하는 방법에 대해 고안한다.

이 연구는 세종시 공공자전거(어울링)에 대한 디지털 트윈 적용 사례를 대상으로 삼아 연구를 진행했다. 한국전자통신연구원은 세종시 공공자전거에 대해 디지털 트윈 기반 시뮬레이션 모델링을 구축했으며, 이에 기반해 세종시의 공공자전거 정책 의사결정을 도울 수 있는 길이 열렸다. 공공자전거 정책은 이미 시행하고 있는 정책이며 지속해서 사업 규모를 확장하고 있다. 예를 들어, 공공자전거 대여소의 수, 공공자전거의 수, 자전거 도로의 길이와 범위 등이 지속해서 증가하고 있다(세종특별자치시, 2022a). 어느 정도로 사업 규모를 확장할 것인지에 대해 점진적인 미세 조정을 위한 의사결정이 계속해서 이뤄지고 있다.

이어지는 내용에서는 다음과 같은 순서로 논의가 진행될 것이다. 이론적 배경으로서 역동적인 공공정책 과정과 정책 대안 결과 예측에 대한 기존 논의를 소개하고, 시뮬레이션 산출을 정책 효과로 전환하고 해석하기 위한 방법론을 제시할 것이다. 다음으로, 그에 따른 연구 결과를 제시하고, 최종적으로는 디지털 트윈 기술이 역동적인 정책 과정과 지능적인 의사결정에 어떤 기여를 할 수 있는지에 대한 이론적·정책적 함의를 제시할 것이다.

2 인공지능 시대 역동적인 공공정책 과정

라스웰(Lasswell, 1956)의 연구 이래로 정책 과정을 의제 설정, 정책결정, 정책 집행, 정책평가 등 일련의 연속적인 단계로 나누는 합리 모델이 정책 연구에서 익숙하게 받아들여졌다(Jann & Wegrich, 2007). 정책 과정을 선형적인 순서를 가진 일련의 단계로 보는 합리 모델 접근은 개별적인 정책 단계별로 정책 과정에 미치는 요인을 밝히고 그에 미치는 영향 요인의 발견을 자극했다. 그러나 이러한 접근은 이상적이고 규범적이며(Jann & Weigrich, 2007: 44) 인과적이기보다는 휴리스틱한 접근이라고 비판받았다(Sabatier, 2007).

반면, 정책 주기 프레임워크(policy cycle framework)는 정책 과정 단계를 좀 더 역동적이고 단계 간의 경계를 넘나드는 의사결정이 이뤄지는 것으로 이해한다(Jann & Weigrich, 2007; Pencheva, Esteve, & Mikhaylov,

2020; Valle-Cruz et al., 2020). 합리 모델 접근은 입법 과정에서 법안이 일련의 순서를 거쳐 통과되는 것처럼 정책 과정의 개시와 종료를 상정한다(Sabatier, 2007). 이와 달리, 정책 주기 프레임워크는 정책 과정의 어느 시점의 종료를 상정하지 않고 시간의 흐름에 따라 단계 간의 피드백이 역동적으로 이뤄지는 형태를 상정한다(Jann & Weigrich, 2007; Pencheva, Esteve, & Mikhaylov, 2020). 그에 따라 이러한 정책 주기 프레임워크는 논의되는 정책 영역의 특수성과 정책 행위자들을 좀 더 효과적으로 고려할 수 있다(Jann & Weigrich, 2007).

최근에 인공지능 기술, 빅데이터 기술, 디지털 트윈 기술 등의 디지털 기술의 발전은 정책 과정을 매우 역동적인 형태로 변화시키고 있다. 인공지능 시대에 이와 같은 다양한 디지털 기술은 점증적이고 나선형의 방식으로 정책 과정의 진화를 이끌고 있다(Valle-Cruz et al., 2020). 즉, 공공정책 과정의 여러 단계가 선형적인 순서로 진행되는 것이 아니라 데이터의 흐름 속에서 동시적이면서 점진적으로 진화해 나간다. 그에 따라 정책 과정에서 일회성의 결론이 나고 끝나는 것이 아니며 실시간으로 데이터를 수집하고 분석하는 과정을 통해 관리자들이 끊임없이 미세 조정을 하면서 정책을 개선할 수 있다. 이러한 점에서 정책 주기 프레임워크는 인공지능 시대에 정책 과정이 어떻게 그리고 얼마나 역동적으로 변화하고 진화하는지를 이해할 수 있는 틀을 제공한다(Pencheva, Esteve, & Mikhaylov, 2020; Valle-Cruz et al., 2020).

디지털 트윈 기술은 가상 세계에 현실 세계의 쌍둥이를 만들어 다양한 시나리오를 실험해 볼 수 있도록 돕는다(김영훈, 2018; 이민영·김도형·임시영, 2020; 정영준 외, 2021; 황한찬·최한별, 2023). 정책 현장에서 다양한 정책 시나리오를 도입하는 데 과학적 증거가 부족한 경우가 많고, 정책 현장에서 시행착오를 통한 학습은 많은 비용을 초래할 수 있어 행정의 책임성을 저해할 수 있다. 또한 코로나, 태풍, 지진 등의 재난 상황과 같이 경우에 따라서는 시행착오를 통한 학습이 심각한 행정의 책임성 저하로 이어질 수 있다. 이에 따라 디지털 트윈 기술에 기반한 시뮬레이션 모델링은 정책 주기 프레임워크 접근에서 의미가 크다. 디지털 트윈 기술은 이미 진행 중인 정책에 대해 시뮬레이션 모델링을 만들고 그러한 모델링에서 세부 조건을 정밀하게 조정하는 시뮬레이션을 통해 이미 시행 중인 정책에 대한 미세 조정을 하도록 돕기 때문이다. 예를 들어, 지방자치단체는 디지털 트윈 기술 기반 시뮬레이션 모델링을 통해 운영 중인 공공자전거 사업에 대해 사업의 규모를 확대할 것인지 또는 대여소를 재배치할 것인지 또는 자전거 도로를 확충할 것인지 등에 대한 미세 조정을 할 수 있다.

기존 선행 연구 중에서도 시뮬레이션을 활용해 정책 미세 조정을 모색한 사례가 있는데, 실비아와 크라우스(Silvia & Krause, 2016)는 전기자동차 정책의 미세 조정을 위해 네 가지 시나리오에 대해 시뮬레이션을 실시했다. 이때 네 가지 시나리오는 첫째, 구매 보조금 지급, 둘째, 전기충전소 추가 설치, 셋째, 시 정부 차원의 전기자동차 대량 구매, 넷째, 앞선 세 개의 혼합이다. 이를 통해 도시 내 자동차 이용자들이 얼마나 많이 전기자동차 구매로 이어질지 예측했다. 디지털 트윈 기술을 통한 시뮬레이션 모델링은 나아가서는 이러한 시나리오들의 세부 내용을 조금씩 변경해 다시 시뮬레이션을 할 수 있도록 도울 수 있다. 구체적으로, 구매 보조금 지급

액수를 늘리거나 줄일 수 있고, 전기충전소 추가 설치를 도시 내 100개에서 200개로 변경할 수도 있다. 이렇게 조금씩 변경한 시나리오를 활용한 시뮬레이션 결과는 관리자들이 정책을 정교하게 실행하는 의사결정을 하는 데 큰 도움을 줄 수 있다.

이어지는 내용에서는 디지털 트윈 기술에 기반한 정책 미세 조정의 결과 예측이 무엇인지 집중적으로 다룬다. 특히 이러한 정책 미세 조정의 결과 예측이 기존의 정책학에서의 예측방법론과 비교해 어떻게 이해될 수 있는지 살펴보며, 이를 통해 디지털 트윈 기술에 기반한 시뮬레이션 결과 예측이 정책 과정에서 어떤 역할을 할 수 있는지에 대해 살펴볼 것이다.

3 디지털 트윈 기술을 통한 정책 대안 결과 예측

1) 전통적인 정책학에서의 정책 대안 결과 예측 방법

전통적인 정책학에서 예측방법론은 시간과 능력이 부족한 관리자들의 의사결정을 도울 수 있다는 점에서 중요하지만, 정책 문제에 내재한 불확실성으로 인해 정확한 결과 예측은 현실적으로 달성하기 매우 어려울 수 있다(Hogwood & Gunn, 1984). 던(Dunn, 2018)에 따르면, 예측방법론으로는 크게 세 가지 접근법이 활용된다.

첫 번째 접근 방법은 외삽적 예측(extrapolative forecasting)이다. 이것은 과거 통계 자료에서 일정한 패턴을 발견하고, 이러한 패턴이 미래에도 연장된다는 가정하에서 예측하는 방법이며, 이를 활용한 대표적인 기법으로서 시계열분석(time-series analysis)이 있다. 외삽적 예측은 과거에 관찰된 패턴에 기반해 미래를 예측하는 것이라는 점에서 귀납적 논리에 근거한다(Dunn, 2018: 177). 또한 이 접근법은 현상의 경향이나 패턴의 지속성, 자료의 신뢰성과 타당성 등을 확보해야만 올바른 예측이 가능하다는 한계를 내포하고 있다(한석태, 2005).

두 번째 접근 방법은 이론을 통한 결과 예측이다(Dunn, 2018). 이론에 기반해 현실을 제대로 반영하는 중요한 설명 변수를 포함하고 변수 간 영향력의 방향과 크기를 정확히 표현하는 모형을 구축해 결과를 예측하는 방법이다. 이것은 이론에 기반해 설명 변수의 변화에 따른 관심 변수의 결과 변화를 예측하는 점에서 매우 연역적인 특성을 갖는 예측 방법이다(Dunn, 2018: 177-178). 그래서 이러한 예측은 인과관계에 기반하며 구체적 기법으로는 경로분석, 회귀분석, 실험 등이 있다.

세 번째 접근 방법은 주관적 판단에 의한 결과 예측이다(Dunn, 2018; Jones, 1980). 어떤 정책 대안을 예측할 것인지에 따라서는 때때로 미래 상태를 가늠할 수 있는 과거의 자료가 축적돼 있지 못하고, 영향 요인 사이의 관계에 대한 이론이 부재할 때는 전문가의 직관이나 주관에 의해 예측이 중요할 수 있다(한석태, 2005). 이러한 접근 방법의 구체적인 기법으로는 주로 정책 문제 관련 이해관계자, 전문가 등의 집단 토의, 정책 델파이 기법 등이 활용된다(Dunn, 2018; 한석태, 2005). 이 접근 방법은 전문가들이나 실무자들이 가진 실천적 지식과 경험에 근거하며(Barends, Rousseau, & Briner, 2014), 특히 구조화되지 않은 문제에서 유용성이 크다(Dunn, 2018:

178-179).

이 중에서 과학적 증거에 기반한 예측은 두 번째 접근 방법인 이론을 통한 결과 예측과 관련된다. 이론을 통한 결과 예측은 설명 변수의 결과 변수에 대한 인과관계를 설명하는 데 초점을 맞춘다. 이러한 차원에서 증거기반 정책의 어려움 중 하나는 타당성 있는 엄밀한 과학적 증거를 확보하기 어렵다는 점이다(Jennings & Hall, 2012; Reay, Berta, & Kohn, 2009). 어떤 대안이 타당한지에 대한 과학적 증거를 확보하기 위해 이 대안을 일부 사례에 대해 적용하는 실험적 설계를 한 후에 예측의 증거로 사용하는 방법을 생각할 수 있다. 그러나 이러한 실험 설계 방법은 대안의 효과에 대한 인과관계를 파악할 수 있을 수 있으나 외적 타당성 문제로 인해 일반화하기 어려울 수 있다.

다음으로 주관적 판단에 의한 결과 예측이나 외삽적 예측 모두 완전하지 않으며 일정한 한계를 가지고 있다. 먼저 주관적 판단에 의한 결과 예측에 기반할 때 그러한 전문가의 직관과 주관에 의한 예측은 어느 정도의 자의성을 내포할 수 있다. 다음으로 외삽적 예측은 귀납적인 접근이기 때문에 과거 패턴이 안정적으로 지속된다는 증거가 필요하고, 외부적 사건의 변화에 따라 결과 예측이 틀릴 가능성이 크다(Dunn, 2018: 171-173).

2) 시뮬레이션 모델링을 통한 정책 대안 결과 예측 방법

시뮬레이션 모델링을 구축하는 것은 기본적으로 외삽적 예측에 기반을 두고 있다. 즉, 시뮬레이션 모델링은 기본적으로 외부 신호를 통해 행위자의 관찰된 행태를 귀납적으로 타당성 있게 설명하는 데 관심을 가진다(Harrison & Luna-Reyes, 2022). 시뮬레이션 모델링은 그러한 모델링을 구축하는 단계에서 기존에 중요한 것으로 알려진 신호들을 반영할 수 있다는 점에서 일부 연역적인 요소도 가지고 있다(Axerold & Tesfatsion, 2006). 그러나 시뮬레이션 모델링은 시뮬레이션을 통해 귀납적으로 얻는 패턴의 발견을 통한 모델링의 수정을 통해 정확성이 높은 예측을 모색한다는 점에서 외삽적 예측에 기반을 두고 있다(Axerold & Tesfatsion, 2006). 이와 같은 시뮬레이션 모델링은 생물학에서 환경 조건의 변화에 대응하는 유기체의 행태를 이해하기 위해 만든 모델링에서 발전한 것이다. 이러한 모델링을 발전시킨 후에 조건들의 변화에 비춰 관찰된 사건의 변화를 예측할 수 있다.

가장 기본적인 모델은 브런스윅(E. Brunswik)의 렌즈 모델(1952)이다([그림 5-1]). 이것은 유기체가 환경 조건([그림 5-1]의 신호)에 따라 어떤 행태를 관찰할 수 있는지를 정확하게 모사하는 모델링을 하고, 이를 통해 환경 조건의 변화에 따라 유기체의 행태가 어떻게 변할 것인지를 예측한다.

그런데 시뮬레이션 모델링의 발전 과정에서 결과 예측이 정확하지 않은 문제에 직면하고, 이러한 문제를 정확하게 이해하기 위한 시도들이 이뤄졌다. 확장된 렌즈 모델은 이러한 시도의 대표적인 예다(Harrison & Luna-Reyes, 2022)(다음 [그림 5-2] 참조). 확장된 렌즈 모델은 관찰된 사건에 대한 모델링을 위해 신호를 측정하면서 발생하는 오류(신호와 관찰된 신호 간의 차이)와 예측을 위해 인간의 해석이 가미된 주관적 신호로 인해 발생하는 오류(신호와 주관적 신호 간의 차이)를 고려한다(Harrison & Luna-Reyes,

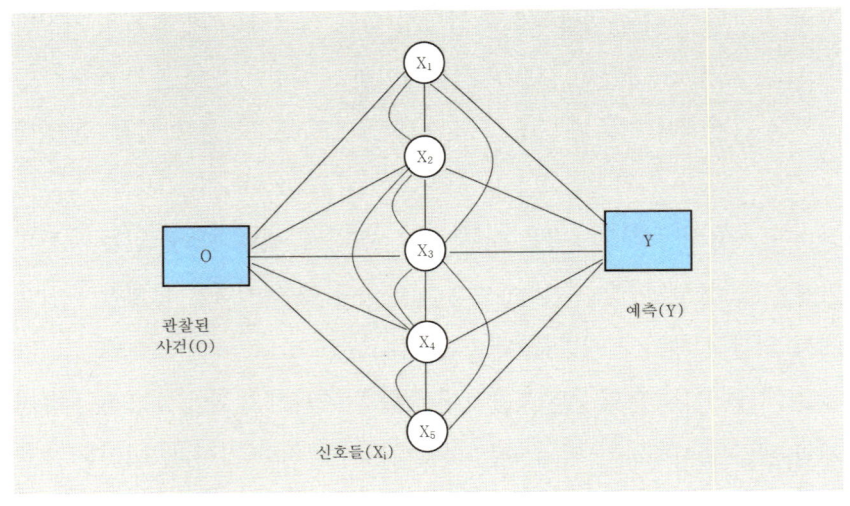

주: 그림에서 보이는 실선은 상관관계를 나타낸다.

[그림 5-1] 브런스윅의 렌즈 모델(1952)

2022; Stewart & Lusk, 1994). 많은 경우에 관심 있는 사건의 예측에 실패하는 것은 이러한 두 가지 오류 때문이다.

　구체적으로 첫 번째 형태의 오류는 측정 도구에 의해 발생하는 문제다(Stewart & Lusk, 1994). 예를 들어, 어떤 관측소에서 미세먼지를 측정할 때 실제 미세먼지 농도는 50μg/m³인데 측정 도구의 문제로 57μg/m³로 측정된 채 미세먼지 농도가 시뮬레이션 모델에 투입된다면 신호와 선택된 신호 간에 차이를 발생시킬 것이다. 다음으로 두 번째 형태의 오류는 예측 모델의 투입 요소를 변화시킬 때 그러한 투입 요소에 대해 예측을 하는 사람의 주관적 해석이 종종 가미되기 때문에 생기는 오류다(Stewart & Lusk, 1994). 예를 들어, 예측을 하는 사람이 미세먼지에 대한 색깔로 표시된 지도를 확인하면서 미세먼지 농도에 대한 투입 요소를 변화시킨다고 하자. 주황색 표시는 150㎍/m³을 가리키지만 이 사람이 153㎍/m³라고 해석한다면 이러한 주관적 해석이 가미된 투입 요소 변화량이 모델에 반영될 것이다. 이에 따라 실제 신호와 주관적 신호 간의 격차가 발생하고 모델 예측에 오차가 발생하게 된다.

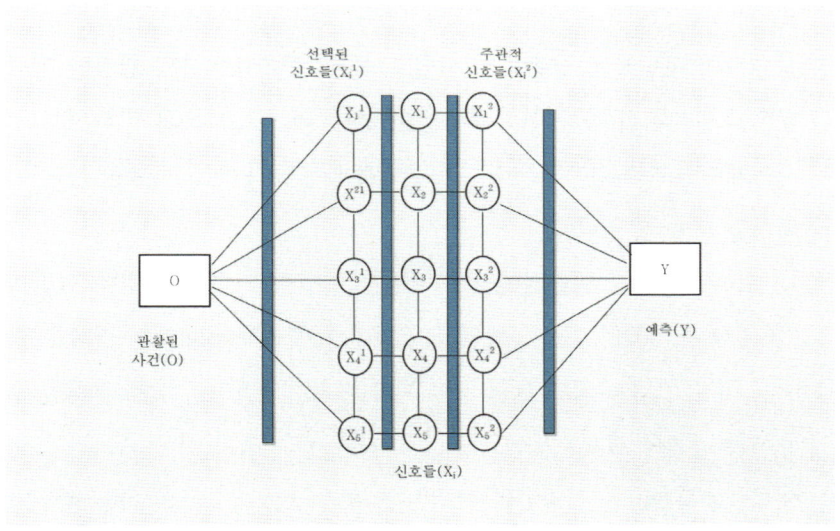

[그림 5-2] 스튜어트와 러스크(Stewart & Lusk, 1994)의 확장된 렌즈 모델

3) 디지털 트윈을 통한 정책 대안 결과 예측 방법

디지털 트윈 기반 시뮬레이션 모델링은 실시간 데이터를 체계적으로 수

집하는 빅데이터 기술을 통해 확장된 렌즈 모델의 오류를 상당 부분 줄일 수 있다. 먼저 빅데이터 기술과 사물인터넷 기술을 통해 실시간 데이터를 체계적으로 수집하고 정리할 수 있기 때문에 실시간 데이터를 구할 수 없어 설문조사 등을 통해 자전거 이용 이력을 추정할 때 발생하는 측정 도구의 문제(즉, 첫 번째 형태의 오류)를 줄일 수 있다. 또한 실시간 이력 데이터를 직접 활용하기 때문에 신호와 관련해 인간의 자의적이고 주관적인 해석(신호와 주관적 신호 간의 차이)을 제거할 수 있다. 그에 따라서 시뮬레이션 모델링의 타당성이 상당히 개선되고 이를 통해 행위자의 관찰된 행태를 정확하게 모사할 가능성이 증가한다(배장원 외, 2021). 그래서 디지털 트윈 시뮬레이션 모델링은 확장된 렌즈 모델에서 다시 렌즈 모델을 통한 결과 예측을 도울 수 있다.

디지털 트윈 기반 시뮬레이션 모델링은 행위자 기반 모델링에 기반을 두며(배장원 외, 2021) 그래서 행위자의 행태를 예측하는 형태의 결과를 산출한다. 이로 인해 디지털 트윈 기반 시뮬레이션 모델링은 실제 산출할 수 있는 예측 결과와 관리자들이 관심을 가지는 예측 결과 간에 괴리가 있을 수 있다. 예를 들어, 실비아와 크라우스(Silvia & Krause, 2016)는 행위자 기반 모델의 구성을 위해 소비자들의 배터리 전기자동차 구매 확산 시뮬레이션 모델을 구축하고 여러 정책 대안의 결과를 예측했다. 이것은 소비자들의 배터리 전기자동차 구매 패턴을 결과로 예측하는 반면에, 관리자들은 이러한 정책 대안의 결과가 얼마나 효율적인지에 대한 예측에 관심을 가진다. 그러한 점에서 디지털 트윈 시뮬레이션 정책 대안 결과 예측을 현장에서 활용하기 위해서는 실제 모델링의 산출과 현장에서 기대하는 산출 간의 괴리를 메우기 위한 노력이 필요하며, 이 연구는 그에 대한 하나의 예로서 자료포락분석의 활용 가능성을 살펴볼 것이다.

4 사례 선택: 세종특별자치시 공공자전거 어울링 사업

세종시는 '친환경 녹색도시'이자 '대중교통 중심도시'를 지향하고 있으나 대중교통수단 분담률은 8개 특별시·광역시 중 최하위권에 머물고 있으며(국토교통부, 2018), 그로 인해 버스, 자전거 등 대중교통 분담률을 높이기 위해 많은 노력을 해 왔다. '어울링'이라는 브랜드명을 활용한 세종시 공공자전거 사업은 그러한 노력의 일환으로 추진됐다. 그런데 공공자전거 정책 발전을 위한 의사결정을 할 때, 아직까지 정책 대안의 결과에 대한 이론적 예측을 할 수 있을 정도로 과학적 증거가 충분하지 않은 현실에 직면하게 된다. 사실 공공자전거 정책뿐만 아니라, 많은 공공정책 의사결정 상황은 이처럼 과학적 증거가 누적돼 있지 않은 상황에서 '최선의 이용 가능한 증거'를 찾아야 한다(Baba & HakemZadeh, 2012; Mart1elli & Hayirili, 2018). 그로 인해 그동안 공공자전거 정책 의사결정에서 전문가 예측이 중요하게 영향을 미쳤다. 하지만, 세종시의 공공자전거 정책의 지속적 추진으로 공공자전거 이용에 대한 이력 데이터가 계속해서 축적되고 있으며, 축적된 데이터를 기반으로 공공자전거 사업에 대해 외삽적 예측을 할 수 있는 가능성이 커지고 있다.

그런데 이와 같은 외삽적 예측을 하기 위해서는 관심 있는 변수(예를 들어, 공공 지출, GDP 등)에 대한 시계열 데이터가 필요하다. 이재영(2017)의 연구는 공공자전거 행태(예를 들어, 대여·반납 이력 등)에 대한 데이터를 활용해 공공자전거의 편익을 추정하는 방법을 연구한다. 이재영(2017)의 연구는 공공자전거의 수나 대여소의 변화 등이 이뤄지는 동안에 시간의 흐름에 따라 공공자전거 편익이 어떻게 변하는지에 관심을 가졌다. 그러나 이재영(2017)의 연구는 공공자전거 편익에 대한 시계열 데이터를 통한 외삽적 예측을 하는 데 이르지는 못했다. 그 결정적인 이유는 공공자전거 이력 데이터는 실시간으로 변화하는 대규모의 데이터인 것과 달리, 해당 연구는 우선 2016년 9월 한 달 동안 대여 이력 데이터만 활용해 해당 기간의 공공자전거 편익 추정을 하는 방법을 고안하는 데만 초점을 맞췄기 때문이다.

이와 달리 공공자전거 어울링에 대한 디지털 트윈 시뮬레이션 모델링은 공공자전거 이력 데이터를 지속해서 업데이트하고, 이를 모델링에 연동해 외삽적 예측을 할 수 있는 가능성을 열었다는 점에서 주목할 만하다. 즉, 공공자전거 시뮬레이션 모델링을 통해 투입 요소의 변화를 그 결과를 예측할 수 있으며, 이를 통해 이재영(2017)의 연구에서 모색한 외삽적 예측을 구현할 수 있다. 다음의 [그림 5-3]은 세종시 공공자전거 어울링의 디지털 트윈 기반 시뮬레이션 모델링을 정리한 것이다. 이 연구는 한국전자통신연구원과 세종시의 협조를 얻어 한국전자통신연구원이 공공자전거 어울링에 대해 구축한 디지털 트윈 시뮬레이션 모델링을 연구에 활용했다.[1] 이 모델링은 2019년에서 2021년 8월 31일까지 자전거 이용자들(대

---

1) 이 모델링의 타당성과 예측 정확성과 관련해 배장원 외(2021)를 참고하기 바란다.

여/반납 이력)과 대여소(시간별 대여소 자전거 대수)의 실시간 이력 데이터를 활용해 구축한 것이다.

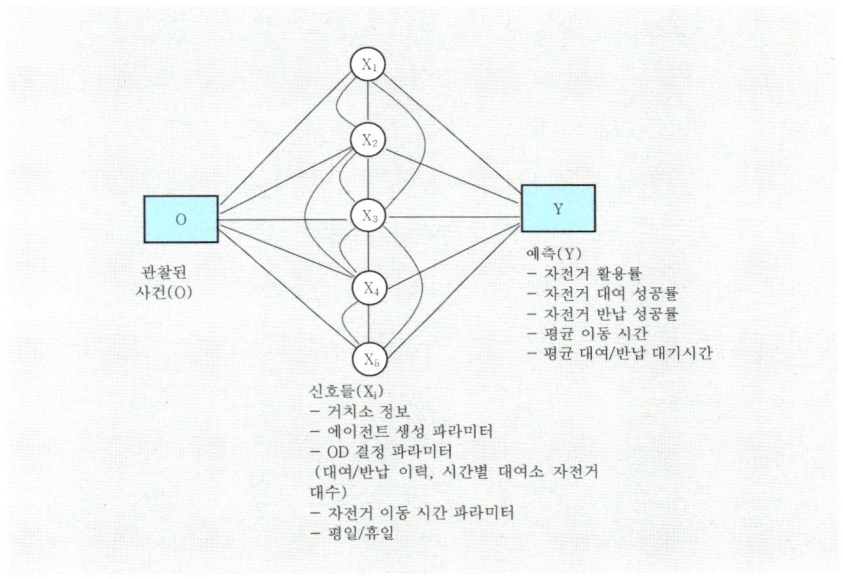

[그림 5-3] 세종시 공공자전거 어울링의 디지털 트윈 시뮬레이션 모델링

5 분석 방법: 시뮬레이션 모델링 예측과 자료포락분석의 결합

1) 방법 1: 시뮬레이션 모델링 예측

이 연구는 시뮬레이션 모델링을 활용해 관심 있는 정책 대안을 시뮬레

이션 시나리오로 전환해 결과를 예측하는 분석을 수행했다. 이때 시뮬레이션 시나리오로 전환이 가능한 정책 대안은 모델링에서 투입 요소와 관련된 것들이다(황한찬·최한별, 2023: 43). 공공자전거 어울링에 대한 디지털 트윈 시뮬레이션 모델링에서는 자전거 대여소 배치(추가 배치, 폐쇄 등), 자전거 대여소별 자전거 수 등을 변경하는 정책 대안 시나리오 제작이 가능하다. 이 연구는 세종시의 관리자의 차원에서 고려할 만한 정책 대안 시나리오 제작을 위해 공공자전거 어울링 현황에 대해 살펴봤다. 최근에 코로나19 유행으로 인한 비대면 교통수단에 대한 시민들의 수요 또한 증가했는데, 이러한 추세는 모바일 앱의 활용과 QR 코드로 간편한 대여·반납이 가능한 뉴어울링 보급 이후, 이용률이 대폭 증가했다(세종특별자치시, 2021). 구체적으로는 이용 건수는 2019년 대비 2020년에 약 110% 성장했으며(〈표 5-1〉 참조), 회원은 약 73%가 성장(〈표 5-2〉 참고)하는 등 어울링 이용 수준이 대폭 증가했다. 이 연구는 이러한 점을 고려해 '대여소별 자전거 대수 증가'라는 정책 대안을 선정하고 세부적으로 대여소별로 자전거를 1대, 2대, 3대 증가하는 시나리오를 제시했다. 나아가서는 자전거 이용 행태가 주말과 평일에서 달라질 수 있는 점을 고려해 주말과 평일로 구분해 대여소별로 1대, 2대, 3대 증가하는 시나리오를 시뮬레이션 모델링을 통해 살펴봤다.

〈표 5-1〉 세종시 어울링 이용자(명) 현황

구분	평균	2018년	2019년	2020년
이용 건수(전체)	278,651	213,257	583,052	1,224,046

출처: 세종특별자치시(2021).

<표 5-2> 세종시 어울링 회원(명) 현황

구분	계	정회원				일회원
		연회원	반년회원	월회원	주회원	
2018년	56,558	1,613(2.9%)	379(0.7%)	2,029(3.6%)	868(1.5%)	51,669(91.3%)
2019년	89,898	3,859(4.3%)	959(1.1%)	6,354(7.1%)	2,822(3.1%)	75,904(84.4%)
2020년	155,613	6,467(4%)	1,803(1%)	12,710(8%)	7,292(5%)	125,074(80%)

출처: 세종특별자치시(2021).

 공공자전거 어울링에 대한 디지털 트윈 시뮬레이션 모델링에서 이상의 정책 대안을 시뮬레이션 시나리오로 적용했을 때 얻을 수 있는 산출 예측은 변화된 투입 요소에 따른 자전거 이용자들의 이용 행태 변화와 관련된다. 이는 앞의 [그림 5-3]에 제시돼 있으며, 구체적으로 다음과 같은 이용 행태 변화를 예측할 수 있다.

 첫째, 자전거 활용률의 변화이며, 자전거 이용 대수 증가 시나리오에 따라 이용자들의 자전거 활용이 얼마나 증가하는지 또는 감소하는지에 대한 것이다.

 둘째, 평균 시간과 평균 거리의 변화이며, 이용자들이 시나리오 적용에 따른 투입 요소의 변화로 이용 평균 시간이나 평균 거리가 어떻게 변하는지에 대한 것이다.

 셋째, 대여 대기 시간과 반납 대기 시간이며, 자전거 이용자가 대여나 반납을 시도할 때 투입 요소의 변화에 따라 그 시간이 얼마나 변하는지와 관련된다.

 넷째, 대여 실패율이며, 이는 시나리오 적용 시 투입 요소의 변화에 따라 이용자들이 대여에 실패하는 경우가 얼마나 변화하는지에 대한 것이다.

2) 방법 2: 자료포락분석

(1) 분석 방법으로서 자료포락분석의 선정 이유

이 연구는 연구 대상지인 세종시의 정책적 관심 중에서 공공시설인 공공자전거의 효율적인 운영에 초점을 맞춰, 시뮬레이션 결과를 활용한 정책 대안 간 비교와 평가를 예시적으로 수행한다. 앞서 살펴본 시뮬레이션 모델링 결과 예측(대여 실패율, 반납·대여 대기 시간 등)은 그 자체로도 공공자전거 이용 행태 변화 패턴을 살펴보는 데 의미가 있지만, 이러한 시뮬레이션 예측 결과만을 가지고 관리자의 입장에서 정책 대안 간 비교와 평가를 하기는 쉽지 않다.

이에 따라 이 연구에서는 시뮬레이션 모델링을 통한 예측 결과물에 대한 더 깊은 비교와 평가를 위해 자료포락분석(Data Envelopment Analysis: DEA)을 활용했다. 정책 대안의 비교와 평가 기준으로 효율성이 중요하게 활용되고 있는 현실에서 자료포락분석은 정책 대안 간의 상대적인 효율성을 비교하기 위한 대표적인 방법 중 하나로 꼽힌다. 구체적으로 자료포락분석은 공공사업 간의 상대적 효율성 비교(김태희 외, 2009), 공공사업 내 세부 프로그램 간의 상대적 효율성 비교(유경상·김승준, 2012) 등 정책 대안 간의 비교를 위해 기존 연구들에서 활발하게 활용돼 왔다. 이 연구는 시뮬레이션 결과를 자료포락분석을 통해 상대적 효율성[2]으로 전환함으로

---

[2] 효율성은 대개 투입과 산출의 비율로 이해되며, 이에 따라 효율성에 대한 측정은 투입 요소와 산출 요소의 측정을 전제로 한다. 그러나 기존에 활용돼 온 효율성 측정 방법은 공공 부문의 투입과 산출 요소의 측정이 어려울 뿐만 아니라, 무엇보다 금액으로도 환산하기 어려운 문제가 있기에 일정한 한

써 각 정책 대안의 효과적인 자원 활용을 관리자의 입장에서 직관적으로 비교·분석할 수 있다는 점을 보여 주고자 한다.[3] 즉, 이러한 분석 결과가 관리자의 지능적인 의사결정을 실질적으로 도울 수 있다는 것을 소개하고자 한다.

(2) 자료포락분석에 대한 기본적인 이해

자료포락분석은 투입 요소와 산출 요소가 복수로 존재하고, 이러한 투입 요소와 산출 요소를 결합할 수 있는 시장가격이 별도로 존재하지 않는 의사결정 단위(decision making unit)의 상대적 효율성을 비교하는 것을 목표로 한다. 특정한 수준의 투입으로 특정한 수준의 산출을 만들어 낼 수 있을 때, 이 투입과 산출의 조합으로 생산가능집합(production possibility set)을 구성한다. 이때, 생산가능집합에서 가장 효율적인 점으로 구성된

계를 가지게 된다(윤경준, 1996). 예를 들어, 비용편익분석을 위해서는 산출 요소들을 모두 금액으로 환산해야 하는데, 공공 부문의 경우 특히 금액 환산이 쉽지 않고, 적용하기 위해서는 여러 가정이 필요하다. 이때, 자료포락분석은 이와 같은 한계를 어느 정도 극복하고 있는 것으로 평가된다(고길곤, 2017). 즉, 자료포락분석은 효율성의 정의를 투입 대비 산출로 명확히 하면서도 투입이나 산출의 요소를 금전가치화하지 않아도 된다는 점에서 장점이 있다. 즉, 투입이나 산출은 반드시 금전적인 형태로 표현될 필요는 없고, 예를 들어 직원 수나 서비스 이용 횟수와 같은 지표를 사용할 수도 있다는 점에서 공공 부문에서 적용의 의미가 커진다.

3) 기존에 공공자전거 운영의 효율성이나 효과성을 측정하는 방법에는 주로 비용편익분석(cost-benefit analysis)을 활용했다(신희철·김동준·정성엽, 2012; 이재영, 2017). 그러나 공공자전거 이용 이력 데이터 활용 시 편익 계산을 위해 활용하는 자전거 이용량, 대여 성공률 등의 변수들을 금전적인 방식으로 전환하는 것은 쉽지 않다. 이에 따라 이 연구는 디지털 트윈 시뮬레이션에서 도출되는 자전거 이용량, 이용 거리, 이용 시간, 자전거 이용을 위한 대기 시간과 반납 시간, 대여 실패율 등의 변수를 금전가치화하지 않고 직접 이용해, 정책 대안 분석이 가능하다는 점을 보여 주기 위해 자료포락분석 방법을 활용했다.

생산가능경계(production possibility frontier)상의 의사결정 단위와 비교 대상 의사결정 단위를 비교해 효율성을 측정하는 것이 이 방법의 골자다. 즉, 가장 효율성이 높은 의사결정 단위의 산출물을 통해 경험적으로 생산가능경계를 형성하고, 준거집단과의 비교를 통해 상대적 효율성을 측정한다. 또한, 측정되는 효율성은 상대적이기에 순위화는 준거집단을 형성하는 의사결정 단위와의 비교를 통해 이뤄진다.

이때, 자료포락분석을 위해서는 관찰된 정보를 바탕으로 생산가능집합 내에서 가장 효율적인 상태를 어떻게 정의하는지의 가정을 어떻게 하느냐에 따라 상대적 효율성 측청이 달라지게 된다. 일반적으로 자료포락분석 모형 중에서 가장 많이 활용되는 모형은 차르네스, 쿠퍼와 로드스(Charnes, Cooper, & Rhodes, 1978)의 모형(CCR 모형)과 뱅커, 차르네스와 쿠퍼(Banker, Charnes, & Cooper, 1984)의 모형(BCC 모형)이다. 두 모형은 자유가처분성(free disposability), 볼록성(convexity) 가정을 동일하게 가지는 반면에, 규모 수익의 가정에 따라 차이가 있다. 즉, CCR 모형은 규모 수익 불변을 가정하지만, BCC 모형은 규모 수익의 가변성을 허용한다.

한편, 고정된 투입자원을 바탕으로 산출량의 최대화를 목표로 하는 투입 지향 모형과 고정된 산출량을 바탕으로 투입자원을 최소화하는 산출 지향 모형 중 선택도 필요한데, 결과물이 서비스 형태로 제공되며 실제로 경험하는 효과가 명확하지 않을 때는, 투입 요소의 조정을 통해 효율성을 개선할 수 있는 투입 지향 모형을 사용한다(Seol et al., 2008). 이 연구에도 산출물이 공공서비스의 형태로 제공되므로 투입 지향 모형을 활용했다.

(3) 공공자전거 효율성 측정을 위한 모형 설정

자료포락분석을 정책평가에 활용한 선행 연구에서는 구매 비용, 유지 보수 비용 등 직접적인 금전 비용과 함께 이를 활용하기 위한 인력 투입을 고려한다(신희철·김동준·정성엽, 2012; 이재영, 2017). 즉, 어떤 정책의 수행을 위해 투입되는 인력의 변동을 함께 고려한다. 그러나 이 연구는 자전거 추가와 거치소 조정에 따른 비용을 직접 고려하되, 현재 시나리오상에서 어울링 운영 관리 인력의 숫자 자체가 변동하기는 어렵다는 점을 고려했다. 이에 어울링 추가와 거치소 조정에 따른 인력 투입은 보수 비용의 변화 형태로 투입 요소에 반영했다. 이때, 투입 요소 계산을 위한 가격과 거치소 숫자는 시나리오를 분석한 2021년 기준이다.

결과적으로 이 연구가 고려한 투입 요소는 다음과 같다(〈표 5-3〉 참조). 첫째, 설치 비용이다. 현재 세종시에서 운영 중인 '뉴어울링' 1대의 도입 가격은 471,390원이며, 총 거치소는 604개다. 둘째, 유지 보수를 위한 운

〈표 5-3〉 자료포락분석 모형

투입 요소	산출 요소
• 설치 비용 • 유지보수 비용	• 대여·반납 대기 시간 • 대여 실패율
의사결정 단위: • 현재(평일) • 현재(주말) • 전 지역 1대 추가 (평일) • 전 지역 1대 추가 (주말) • 전 지역 2대 추가 (평일) • 전 지역 2대 추가 (주말) • 전 지역 3대 추가 (평일) • 전 지역 3대 추가 (주말)	

영 비용이다. 세종도시교통공사는 어울링 1대를 유지 보수하기 위한 비용으로 1년에 80,000원의 예산을 활용하고 있다. 이상의 두 가지 구체적인 비용은 세종도시교통공사의 2019년 예산안에 기반한 것이다.

  이 연구의 경우, 어울링 이용을 위한 대여·반납 시간의 변화, 어울링 이용을 위한 대여 실패율을 고려했다. 공공자전거에 대해 비용편익분석을 적용했던 기존 연구들(신희철·김동준·정성엽, 2012; 이재영, 2017)은 자전거 이용자의 건강 증진, 주차 비용 절감 등을 편익으로 고려했다. 그러나 자전거 이용자의 건강 증진은 건강한 상태에 대한 정의에 따라 금전으로 표현된 가치는 크게 다를 수 있다. 마찬가지로 주차 비용 절감의 경우에도 공공자전거 이용이 개인 소유 자동차 운행 횟수가 줄어든 것을 넘어서서 만일 자동차를 운행한다면 어느 주차공간을 이용하는지까지 고려해야 하는 점에서 금전으로 표현된 가치는 크게 다를 수 있다. 따라서 이 연구는 이와 같은 편익 산정 시 생길 수 있는 금전가치화의 어려움 등을 고려해 자전거 이용에 따른 산출 가치를 금전가치화하지 않고, 자전거 이용에 따른 산출 값을 그대로 활용했다. 어울링을 이용하는 대여·반납 대기 시간과 대여 실패율은 세종시의 공공자전거 정책 목적을 고려할 때 산출 요소로 매우 적합하다. 즉, 세종시는 어울링을 운영하는 데 시민이 쉽게 어울링에 접근해 다른 대중교통수단과 연계하는 목적이 크다. 이를 위해서는 어울링 이용을 위한 대기 시간이 적어야 하고, 어울링을 이용하고 싶을 때 이용할 수 있어야 한다.

6 시뮬레이션 모델링 예측 결과

전 지역 자전거 대여소별로 1~3대의 자전거를 추가하는 정책 미세 조정 시나리오에 대한 시뮬레이션 모델링 예측 결과를 각각 다음 〈표 5-4〉, 〈표 5-5〉, 〈표 5-6〉에 정리했다. 세 가지 시뮬레이션 시나리오 모두 평일과 주말 관계없이 이용량과 평균 거리를 증가시키는 것으로 나타났다. 또한 세 가지 시뮬레이션 시나리오 모두 평일과 주말 관계없이 평균 시간, 대여 대기 시간, 반납 대기 시간, 대여 실패율을 줄이는 것으로 나타났다. 그리고 그러한 모든 산출과 관련해 변화량의 크기는 대여소별 자전거 대수를 늘릴수록 크게 증가하는 것으로 나타났다.

이상의 내용이 시사하는 것은 자전거 대수의 증가라는 정책 대안 자체는 자전거 이용 행태에서 긍정적인 효과를 가질 수 있다는 점은 분명하지만 어느 정도 자전거 대수를 늘려야 하는 것인지 판단하기 어렵다는 점이다. 예를 들어, 주중(평일) 이용량을 기준으로 볼 때 전 지역에 있는 대여소에 어울링을 1대 추가 배치할 때 이용량이 135.1회 증가하고, 2대 추가 배치할 때 179.1회 증가하며, 3대 추가 배치할 때 179.5회 증가한다. 또한 평일 대여 실패율을 기준으로 하면, 1대 추가 배치할 때 11%에서 7.7%로 3.3%p 감소하고, 2대 추가 배치할 때 11%에서 5.7%로 5.3%p 감소하며, 3대 추가 배치할 때 11%에서 4.6%로 6.4%p 감소한다. 그러나 이러한 변화는 자전거 대수를 늘렸을 때 이용의 효과는 늘어나지만 비용을 고려하지 않은 것이라는 점에서 효율성에 대한 검토가 필요하다. 그러므로 이 연구는 자료포락분석을 통해 시뮬레이션 시나리오별 상대적 효율성을 분석했다.

〈표 5-4〉 전 지역 어울링 1대 추가 배치 시 시뮬레이션 결괏값

항목	1대 추가 전(default)		1대 추가 후	
	주중	주말	주중	주말
이용량 (회)	2,548.2	1,907.8	2,683.3	1,984.7
평균 거리 (100m)	19.6	27.3	19.2	27.6
평균 시간 (분)	23.2	27.3	18.8	20.0
대여 대기 시간 (분)	0.9588	0.6563	0.7247	0.4357
반납 대기 시간 (분)	0.0496	0.0297	0.0530	0.0271
대여·반납 대기 시간 합 (분)	1.0084	0.6859	0.7778	0.4629
대여 실패율 (%)	11.3	8.2	7.7	5.1

〈표 5-5〉 전 지역 어울링 2대 추가 배치 시 시뮬레이션 결괏값

항목	2대 추가 전(default)		2대 추가 후	
	주중	주말	주중	주말
이용량 (회)	2,548.2	1,907.8	2,728.1	2,016.6
평균 거리 (100m)	19.6	27.3	19.6	27.0
평균 시간 (분)	23.2	27.3	16.1	16.4
대여 대기 시간 (분)	0.9588	0.6563	0.5774	0.3042
반납 대기 시간 (분)	0.0496	0.0297	0.0664	0.0409
대여·반납 대기 시간 합 (분)	1.0084	0.6859	0.6438	0.3451
대여 실패율 (%)	11.3	8.2	5.7	3.6

<표 5-6> 전지역 어울링 3대 추가 배치 시 시뮬레이션 결괏값

항목	3대 추가 전(default)		3대 추가 후	
	주중	주말	주중	주말
이용량 (회)	2,548.2	1,907.8	2,727.7	2,010.9
평균 거리 (100m)	19.6	27.3	19.3	27.1
평균 시간 (분)	23.2	27.3	13.5	13.9
대여 대기 시간 (분)	0.9588	0.6563	0.4989	0.2289
반납 대기 시간 (분)	0.0496	0.0297	0.0637	0.0480
대여·반납 대기 시간 합 (분)	1.0084	0.6859	0.5625	0.2770
대여 실패율 (%)	11.3	8.2	4.6	2.5

7 자료포락분석 결과

분석 대상이 되는 8개 의사결정 단위의 각 변수별 기술 통계를 살펴보면 다음 <표 5-7>과 같다. 이 연구는 산출 요소로서 분 단위로 정리한 어울링의 반납·대여 대기 시간과 백분율(%)로 정리한 대여 실패율은 앞서 <표 5-4>, <표 5-5>, <표 5-6>에서 제시한 시뮬레이션 결괏값에 나타난 값을 정리한 것이다. 대기 시간의 경우, 8개의 의사결정 단위에서 최소 0.277분에서 1.008분까지 분포하며, 평균은 0.595분이다. 대여 실패율의 경우, 최소 2.5%에서 11.32%까지 분포하며, 평균은 6.11%다. 설치 비용의 경우, 현 상태를 유지하면 별도의 추가 비용이 들어가지 않으며, 거치소별로 각 3대를 설치 때 최대 8억 5,400만 원이 소요된다. 유지 보수를 위한 운영 비용의 경우, 현 상태를 유지하면 현재 운영 중인 3,000대에 대한 2억 4,000만 원이 소요되나, 거치소별로 각 3대를 설치할 경우, 최대 3억 8,500만 원이 소요된다.

〈표 5-7〉 변수의 기술 통계

구분	변수	Obs	Mean	Std. dev.	Min	Max
투입 요소	설치 비용(원)	8	427,000,000	340,000,000	0	854,000,000
	운영 비용(원)	8	312,000,000	57,800,000	240,000,000	385,000,000
산출 요소	대기 시간(분)	8	0.5954	0.2382	0.2770	1.0084
	대여 실패율(%)	8	6.11	2.85	2.50	11.32

다음 〈표 5-8〉과 〈표 5-9〉는 시뮬레이션 결과를 규모 수익에 대한 가정의 차이에 따라 각각 분석한 결과다. 의사결정 단위는 평가 대상이 되는 대상의 종류를 의미하는데, 이 경우에는 공공자전거 추가 배치를 위한 각각의 대안이 의사결정 단위가 된다. 순위는 비교 대상 대상군에서의 상대적인 위치를 나타내며, 이 값이 작을수록 해당 정책 대안의 성과가 높다는 것을 의미한다.

한편, 효율성 점수는 분석 대상이 최적화돼 있는 정도로서 비교 그룹 내 존재하는 효율적인 의사결정 단위와의 비율을 의미한다. 이때, 공공자전거를 전 지역에 1~3대 추가하는 정책 대안 분석을 평일과 주말 각각에 대해 수행했다.

<표 5-8> 효율성 비교(CCR 모형)

의사결정 단위	순위	효율성 점수
현재(평일)	7	0.983
현재(주말)	3	0.997
전 지역 1대 추가(평일)	5	0.988
전 지역 1대 추가(주말)	1	1.000
전 지역 2대 추가(평일)	6	0.987
전 지역 2대 추가(주말)	2	0.999
전 지역 3대 추가(평일)	8	0.983
전 지역 3대 추가(주말)	4	0.995

<표 5-9> 효율성 비교(BCC 모형)

의사결정 단위	순위	효율성 점수
현재(평일)	5	0.333
현재(주말)	5	0.333
전 지역 1대 추가(평일)	2	1.000
전 지역 1대 추가(주말)	1	1.000
전 지역 2대 추가(평일)	4	0.500
전 지역 2대 추가(주말)	3	0.500
전 지역 3대 추가(평일)	8	0.333
전 지역 3대 추가(주말)	5	0.333

먼저, 규모 수익 불변을 가정하는 CCR 모형에 따를 때, 각 의사결정 단위를 비교해 생산가능경계를 구성하고, 이를 토대로 효율성을 평가하면 <표 5-8>과 같다. 이 모형에 따르면, 대체로 전 지역에 공공자전거를 1대 추가하는 방향이 효율적인 것으로 나타난다. 또한, 대체로 주말에 대여소 운영 상황이 더 좋은 것으로 나타났다. 반면, 규모 수익 가변을 가정할 때, 각 의사결정 단위를 비교해, 생산가능경계를 구성하고, 이를 토대로 효율성을 평가하면, <표 5-9>와 같다. 이 경우에도 규모 수익 불변의 경우와 마찬가지로, 전 지역에 공공자전거를 1대 추가하는 방향이 효율적인 것으로 나타난다.

공공자전거를 추가 투입할수록, 관리자가 목표로 하는 공공자전거 이용에 따른 대여·반납 대기 시간과 대여 실패율은 줄어드는 것은 시뮬레이션 결과에서 알 수 있듯이 직관적으로 당연한 결과라고 볼 수 있다. 그런데 공공자전거를 추가하기 위해서는 자원의 투입이 필요하기 때문에, 무한정 늘릴 수는 없고, 자원의 투입과 그로 인해 얻는 산출을 비교해 적절한 값을 도출해야 한다. 이 연구는 자료포락분석을 통해 현재 가정에 따를 때 최적의 대안 또는 의사결정 단위는 공공자전거를 전 대여소에 1대씩 투입하는 것임을 발견했다.

8 토론: 디지털 트윈 기술의 정책 대안 예측을 어떻게 활용할 것인가?

디지털 트윈 시뮬레이션 모델링은 현실 세계를 닮은 가상 세계의 쌍둥이 모델에 대해 정책 대안을 시뮬레이션할 수 있도록 한다(Eom, 2022; Kaul et al., 2023; 배장원 외, 2021; 이민영·김도영·임시영, 2020). 이 연구의 세종시 공공자전거 어울링에 대한 디지털 트윈 시뮬레이션 모델링의 경우에도 공공자전거에 대한 정책 미세 조정 시나리오가 공공자전거 이용 행태 패턴을 어떻게 변화시킬 수 있는지 예측할 수 있다. 이러한 예측에 기반해 관리자는 공공자전거 정책을 현장의 상황에 맞게 정교하게 실행하기 위해 학습하고 적응하면서 개선된 정책 미세 조정 시나리오를 적용할 수 있다. 이처럼 디지털 트윈 기술은 점증적이고 나선형의 방식으로 정책 과정의 진화를 이끌 수 있다(Valle-Cruz et al., 2020). 그래서 디지털 트윈 기술은 더욱 역동적인 정책 과정과 순환을 발생시킬 수 있다. 이 장에서는 더욱 구체적으로 공공 부문의 지능적인 의사결정을 위한 디지털 트윈 기술의 활용 가능성에 대한 이론적·정책적 함의를 구체화하고자 한다.

우선 이 연구의 주요 이론적 함의로서, 디지털 트윈 시뮬레이션 모델링이 제공하는 결과 예측은 사회과학자들이 흔히 생각하는 이론적 예측과 다르다는 점이다(고길곤, 2021).

첫째, 디지털 트윈 시뮬레이션 모델링이 제공하는 예측은 설령 복제하고자 하는 단위와 상당히 유사한 특징을 가지고 있다고 하더라도 다른 단위에 대해 적용하기 어렵다. 예를 들어, 세종시 공공자전거 어울링에 대한 디지털 트윈 시뮬레이션 모델링은 세종시 공공자전거 이용자들의 이용 행태 패턴에 대해서만 유용할 뿐 인근에 있는 대전시 공공자전거 이용자들의 이용 행태 패턴들에 대해서는 제한된 형태로만 유용성을 제공할 것이다.

둘째, 디지털 트윈 시뮬레이션 모델링은 외삽적 예측에 기반하는 점에서 이론을 통한 결과 예측과 구분될 필요가 있다. 디지털 트윈 시뮬레이션 모델링은 다른 행위자 기반 모델링(예를 들어, Campbell, Kim, & Eckerd, 2014)과 비교해 관찰된 데이터를 지속해 가상모델에 동기화시키는 기술적인 특징을 가진다(Kaul et al., 2023; 이민영·김도영·임시영, 2020: 50). 그러나 이와 같은 디지털 트윈의 기술적인 특징은 아무리 빈번하고 정교한 동기화를 한다고 하더라도 과거의 관찰된 데이터에 기반하는 점에서 귀납적인 성격을 가지고 있다. 그러한 점에서 시뮬레이션 모델링의 예측은 이론적 모델에 기반한 연역적인 예측과 구분할 필요가 있다.

셋째, 이 연구는 디지털 트윈 기술이 현장의 정책 미세 조정을 가능하게

함으로써 공공 부문의 지능적 의사결정에 기여할 수 있는지에 대한 중요한 시사점을 제공한다. 공공자전거 활성화에 대한 정책이 결정된 이후에 구체적으로 얼마나 정교하게 집행될 수 있는지와 관련해 관리자들은 끊임없이 의사결정 상황에 놓이게 된다. 이때 디지털 트윈 기술은 정책 미세 조정 시나리오의 결과를 예측하는 것을 돕는다. 이 연구는 공공자전거 활성화와 관련해 대여소별 공공자전거 1대 배치, 2대 배치, 3대 배치라는 시나리오를 적용하고 그에 따라 이용자들의 행태가 어떻게 변화하는지를 예측할 수 있음을 보여 준다. 그러한 점에서 디지털 트윈 기술은 정부의 지능적인 증거 기반 의사결정을 촉진할 수 있다. 이 연구는 디지털 트윈 기술을 활용해 공공자전거 데이터를 분석함으로써 정책의 미세 조정을 위한 의사결정이 어떻게 더 많은 "최선의 이용 가능한 증거"(양은진·김병조, 2022; Martelli & Hayirli, 2018; Reay, Berta, & Kohn, 2009)에 기반한 의사결정으로 이어질 수 있는지 보여 준다. 이러한 접근 방식을 통해 관리자는 직관이나 정치적 고려에만 의존하지 않고 시뮬레이션을 통해 생성된 경험적 증거를 기반으로 의사결정을 내릴 수 있다.

넷째, 디지털 트윈 시뮬레이션 모델링과 관련해 또 다른 중요한 쟁점 중에 하나는 모델링이 제공하는 예측 결과가 관리자들이 기대하는 예측 결과와 다를 수 있다는 점이다. 디지털 트윈 시뮬레이션 모델링은 행위자 기반 모델이라는 특성 때문에 산출되는 예측 결과도 행위자의 행동 패턴에 대한 예측 결과다. 이 연구에서의 공공자전거 어울링 디지털 트윈 시뮬레이션 모델링의 예측 결과도 역시 그래서 이용량, 평균 이동 시간, 대여 대기 시간 등의 이용자들의 행동 패턴에 대한 것이다. 관리자들은 이러한 행동 패턴 그 자체보다는 정책 미세 조정 시나리오 적용 결과의 효율성, 더 나아가서는 여러 시나리오 간의 상대적인 효율성에 관심을 가질 수 있다. 이는 이러한 상대적 효율성에 대한 정보가 실제 의사결정에 중요한 도움을 줄 수 있기 때문이며, 이 연구가 자료포락분석을 통해 정책 미세 조정 시나리오의 상대적 효율성을 분석하고 관리자들에게 해당 정보를 제공할 수 있는 가능성을 살펴본 이유였다. 이 연구는 구체적으로 대여소별 공공자전거 1대 배치가 투입과 산출에 대한 상대적 효율성의 결과 가장 효율적일 수 있음을 보여 줬다.

그렇다면 디지털 트윈 시뮬레이션 모델링을 어떻게 활용해야 할 것인가?

첫째, 무엇보다도 디지털 트윈 시뮬레이션 모델링이 기여할 수 있는 영역을 제대로 구분할 필요가 있고, 이러한 모델링이 특정 관찰 단위에 대한 외삽적 예측에 기반한다는 점에 유의할 필요가 있다. 그러한 점에서 디지털 트윈 시뮬레이션 모델링을 활용할 때 모델링의 대상이 되는 단위를 정확히 이해하는 것이 중요하다. 세종시 공공자전거 디지털 트윈 시뮬레이션 모델링은 세종시를 관찰 단위로 하고 데이터가 수집돼 있다는 점에서 다른 지역에 대한 공공자전거 이용 예측에 도움을 주기 어려울 수 있다. 대신에 세종시 관리자들은 이러한 도구를 활용해 세종시 공공자전거 정책에 대한 정책 학습과 적응을 통한 미세 조정을 지속적으로 할 수 있다.

대전시, 창원시, 수원시 등 공공자전거 사업을 운영하는 다른 지역에서 세종시 공공자전거 디지털 트윈 시뮬레이션 모델링을 활용할 수는 없을까? 이를 위해 디지털 트윈 시뮬레이션 모델링에 투입 요소를 다른 지역의 투입 요소로 대체해 수정된 모델링을 만드는 방법을 생각해 볼 수 있다. 공공자전거 이용자들의 행동 규칙과 관련된 알고리즘은 지역과 상관없이 동일할 수 있기 때문에 투입 요소에 해당하는 대여/반납 이력 데이터나 자전거도로 등의 공간 데이터를 다른 지역의 데이터로 변경하면 수정된 모델링을 만들 수 있다. 그러한 점에서 지방자치단체 간 교류를 통해 조금씩 수정된 버전의 디지털 트윈 시뮬레이션 모델링을 다른 지역들에서도 활용할 수 있다.

둘째, 관리자들을 위한 디지털 트윈 대시 보드에 상대적 효율성 점수를 넣는 방식을 통해 관리자들의 의사결정을 도울 수 있다. [그림 5-4]는 세

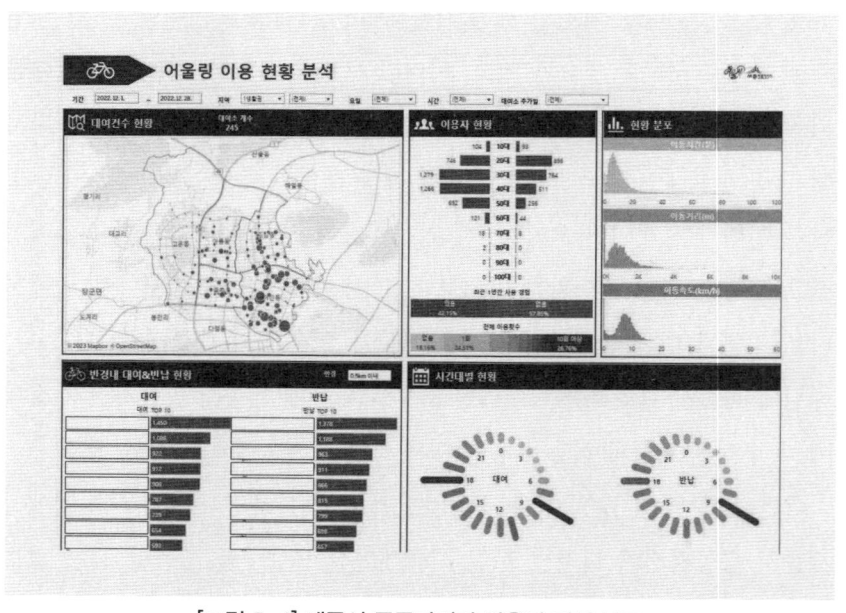

[그림 5-4] 세종시 공공자전거 어울링 대시 보드

종시 공공자전거 어울링의 대시 보드를 나타낸 것으로 이러한 대시 보드에 시뮬레이션 시나리오 조정과 그에 따른 결과 예측으로 상대적 효율성 점수를 제시하는 방식을 활용할 수 있다.

9 결론: 정책 대안 결과 예측에서 디지털 트윈의 역할과 시사점

이 연구는 세종시 공공자전거 어울링 디지털 트윈 시뮬레이션 모델링 구축 사례를 활용해 디지털 트윈 시뮬레이션 모델링이 정책 대안 결과 예측에서 어떤 역할을 할 수 있는지에 대해 살펴봤다. 이 연구는 디지털 트윈 시뮬레이션 모델링이 외삽적 예측에 기반한다는 점에 주목했으며, 이는 인공지능과 같은 혁신적 기술이 제공하는 예측이 가지고 있는 전형적 특징이라고 논의한 고길곤(2021)과 문제의식을 공유한다. 그러한 점에서 이 연구는 디지털 트윈 시뮬레이션 모델링이 관리자들에게 제공할 수 있는 이점과 한계가 무엇인지 정리하고, 이를 통해 공공 부문에서의 디지털 트윈 기술 활용 가능성에 대한 시사점을 제공했다.

무엇보다 이 연구는 디지털 트윈 기술을 활용한 시뮬레이션 모델링이 공공 부문에서 데이터에 기반한 지능적인 의사결정에 기여하며, 한 발 더 나아가서는 정부 행정의 과학화의 관점에서 큰 잠재력을 가진다는 점을 실제 적용 사례를 통해 확인했다는 데 중요한 의미를 찾을 수 있다. 이 연구는 디지털 트윈 기술이 행정의 과학화에 다음과 같은 기여를 할 수 있을 것으로 기대한다.

첫째, 관리자들이 정책의 큰 방향과 목표에 대한 정책결정이 이뤄진 이후에 그러한 정책이 현실 상황에 맞게 잘 변용될 수 있도록 정책을 미세조정하는 의사결정을 과학적으로 할 수 있도록 도울 수 있다. 즉, 시민들의 수요에 따라 공공자전거 규모 확대에 대한 정책결정이 이뤄진 후에, 관리자들은 어느 정도 규모로 공공자전거를 확대하는 것이 좋을지, 대여소별로 공공자전거를 어떻게 분배하는 것이 좋을지 등에 대한 지속적인 의사결정을 해야 한다. 디지털 트윈 기술은 그러한 점에서 이와 같은 관리자들의 지속적인 의사결정의 과학적 증거를 제공하며, 이를 통해 행정의 과학화에 기여할 수 있다.

둘째, 디지털 트윈 기술은 정책 관련자들 간의 과학적 증거에 기반한 협업과 소통을 촉진하는 것을 통해 행정의 과학화를 도울 수 있다. 디지털 트윈 기술은 시뮬레이션을 실행하는 데 그치는 것이 아니라 실시간 현황 데이터와 시뮬레이션 결과를 정리하고 시각화하는 대시 보드의 형태로 정책 관련자들에게 제공할 수 있다. 이를 통해 복잡한 정책 문제를 이해할 수 있는 공통 플랫폼을 제공함으로써 관리자, 전문가, 시민 간의 건설적인 대화를 촉진함으로써 공감대 형성을 가능하게 하는 동시에 좀 더 포용적인 정책 개발을 촉진할 수 있다(Reim, Andersson, & Eckerwall, 2022; Holopainen et al., 2022). 실제 세종시 디지털 트윈 시스템 구축과 활용 단계에서도 수요처인 지방정부(세종시)와 국책연구기관(한국전자통신연구원)뿐만 아니라 시민과 대학 등 다양한 관계자 간 소통과 협업 과정이 있었다. 이러한 과학적 증거에 기반한 소통과 협업, 그리고 그에 따른 공감대 형성은 행정 과학화의 안정적인 토대가 될 수 있다.

셋째, 정부 내 혁신과 학습의 문화 조성 측면에서 의미가 있다. 이 연구는 정부 행정에 학습 마인드를 도입하는 것이 중요하다는 점을 강조한다. 디지털 트윈 기술을 활용해 가상 환경에서 다양한 정책 시나리오를 실험함으로써 정책 입안자들은 실제 실험과 관련된 위험과 비용 없이 시행착오를 통해 학습할 수 있다. 이를 통해 효율성과 효과성 향상이라는 직접적 효과뿐만 아니라, 디지털 트윈 기술을 적용한 조직이 새로운 아이디어를 탐색하고 정책 결과를 지속적으로 개선하는 혁신 문화를 촉진할 수 있게 된다는 측면에서도 의미가 있다(Holopainen et al., 2022).

그럼에도 불구하고, 시뮬레이션 모델링 결과를 바탕으로 한 자료포락분석의 결과는 관리자들이 참고할 수 있는 하나의 참고 자료에 불과하며, 정확한 의사결정을 위해서는 이를 보완하는 다른 분석 방법을 함께 활용하는 것이 필요하다. 이 밖에도, 이 연구는 다음과 같은 한계를 내포하고 있으며, 이에 대한 후속 연구가 필요하다.

첫째, 이 연구에서 시뮬레이션 결과를 관리자가 활용할 수 있는 방향으로 결합해 활용된 자료포락분석은 효율적인 조합을 찾아내는 방법론이기 때문에 비효율적인 조합의 개선 방안을 제시하기 어렵다. 이를 위해서는 다른 방법론을 활용하거나 추가적인 분석이 필요하다. 또한, 자료포락분석은 경제적인 측면에만 초점을 맞추기 때문에 사회적인 측면이나 환경적 측면 등을 고려하기 어렵다는 한계도 있다. 자료포락분석 방법만으로는 정책결정에 필요한 모든 정보를 제공할 수 없기 때문에 다른 방법론과의 조합이 추가적으로 필요하다.

둘째, 많은 정책 문제에는 여러 요인 간의 복잡한 상호 작용과 불확실한 미래 상황이 수반된다. 디지털 트윈은 다양한 시나리오를 시뮬레이션할 수 있지만, 실제 상황의 고유한 복잡성과 불확실성을 완전히 포착하는 데는 어려움이 있으므로, 정부의 의사결정 대안의 실제 결과를 예측하는 능력이 제한될 수 있다(Papyshev & Yarime, 2021). 특히, 디지털 트윈은 정책 문제의 정량화 가능한 측면을 시뮬레이션하는 데 초점을 맞추기 때문에 사회적·문화적·정치적 요인과 같은 정성적 요인을 간과할 수 있다. 이러한 한계로 인해 정책의 미세 조정을 넘어서 더 넓은 범위의 정책결정에 대한 적용에는 아직도 어려움이 있다.

셋째, 이 연구는 시뮬레이션 모델링에서 다양한 정책 시나리오를 고려하지 못했다는 한계도 있다. 이 연구는 세종시 공공자전거 어울링 디지털 트윈 시뮬레이션 모델링을 통해 대여소당 자전거 대수 증가라는 정책 미세 조정 시나리오를 시뮬레이션해서 결과를 얻었다. 그러나 이는 시뮬레이션 모델링에서 고려할 수 있는 다양한 정책 시나리오 중 하나에 불과하다. 따라서 이 연구는 향후 연구에서 대여소 재배치 시나리오 등 다양한 시나리오를 고려한 세종시 디지털 트윈 시뮬레이션 모델링 연구를 진행할 필요가 있다. 이를 통해 시뮬레이션 모델링을 통한 예측방법론의 타당성과 효과를 좀 더 체계적으로 분석할 수 있을 것으로 기대된다.

[제5장]

공공 부문에서 디지털 트윈 기술을 통한 지능적인 정책 의사결정의 가능성*

김동욱, 황한찬

1 공공 부문에서 디지털 트윈 적용의 가능성

디지털 트윈 기술, 인공지능 기술, 빅데이터 기술, 사물인터넷 기술의 발전으로 시뮬레이션 모델링 기술은 계속해서 발전하고 있다(이민영·김도형·임시영, 2020). 그렇다면 디지털 트윈 기술이 어떻게 변화하는 역동적인 정책 과정에서 정책결정자와 관리자의 의사결정에 기여할 수 있을 것인가? 이 질문에 답하기 위해서는, 특히 공공 부문의 정책 과정에 디지털 트윈 기술을 적용하기 위해서는 다음 세 가지를 고려해야 한다. 첫째, 디

---

* 이 장은 대전세종연구원(2022)이 진행한 「디지털트윈 시뮬레이션 데이터 기반 세종시 정책 연계 분야 도출 및 분석 확장」의 'Ⅳ. 지방자치단체 8대 정책 및 공공 부문에서 디지털트윈 활용 방안' 중 일부 내용을 수정 보완해 작성했음을 밝힌다.

지털 트윈을 적용할 수 있는 이슈는 무엇인가? (이와 파생해서 디지털 트윈이 타당하게 시뮬레이션 모델링을 구축했는가?) 둘째, 디지털 트윈을 활용할 때 어떤 정책 시나리오를 적용할 수 있는가? 셋째, 디지털 트윈을 활용할 때 디지털 트윈 시뮬레이션 산출을 어떻게 해석할 수 있는가? 이상의 세 가지 질문에 답할 때 공공 부문에서 디지털 트윈 기술이 정책결정자와 관리자의 의사결정에 어떻게 기여할 수 있는지, 나아가 공공정책을 어떻게 변화시킬 수 있는지에 대한 탐색이 가능하다. 공공 부문에서 디지털 트윈 기술이 정책결정자와 관리자의 의사결정에 어떻게 기여할 수 있는지, 나아가 공공정책을 어떻게 변화시킬 수 있는지에 대한 탐색이 가능하다.

이 책은 세 가지 질문에 모두 답변하기 위해 노력했다. 첫 번째 질문은 이 책 제2장에서 세종시 공공자전거 어울링의 디지털 트윈 적용 사례를 통해 일부 답이 됐다고 본다. 나머지 두 가지 질문, 정책 시나리오 작성과 시뮬레이션 산출 결과 해석에 대해서는 제3장과 제4장을 통해 답하고자 했다.

살펴본 바와 같이 새로운 기술이 출현하고 이를 공공 부문에 적용하는데 완전히 새로운 연구 방법이 필요한 것은 아니다. 연구자들은 이 책을 통해 기존 정책 과정에서 사용되던 방법이 새로운 기술과 조화롭게 현실적인 적용이 가능할 수 있다는 시사점을 제공한다. 즉, 새로운 기술이 등장하고 이를 정책 과정에 활용·적용 과정이 두렵게만 느껴질 점은 아니라는 뜻이다. 하지만, 이 책에서 공공자전거 어울링 이외에 다른 사례가 다뤄지지 않아 디지털 트윈 기술의 적용 가능한 범위에 대한 궁금증은 여전히 남아 있을 것이라고 본다. 이를 고려해 마지막 장에서는 디지털 트윈 기술이 적용 가능한 정책 대상이 무엇인지 좀 더 자세히 다루며 마무리하고자 한다.

2 공공 부문에서 디지털 트윈의 활용 방안

1) 환경 분야에서 활용 가능성: 쓰레기통에 대한 디지털 트윈 적용

다양한 환경 관련 정책 문제와 관련된 의사결정에서 디지털 트윈을 활용할 수 있다. 여기에서는 예시적으로 도시 공간 내 쓰레기통 잔여량 모델링의 가능성을 제시한다.

[그림 6-1] 서울시의 사물인터넷(IoT) 쓰레기통

도시 공간에서 쓰레기를 어떻게 처리할 것인지는 도시의 위생과 미관에 부정적인 영향을 미칠 수 있다. 유동 인구가 많은 도시 내 거리에 배치된 쓰레기통을 잘 운영하고 관리하는 것이 도시 위생과 미관을 위해 중요할 수 있다. 또한 도시 공간 내 쓰레기통을 적절히 설치함으로써 쓰레기 무단 투기의 위험성을 줄일 수 있다. 그런데 문제는 일선 공무원이나 공무 수행 대리인이 광범위하게 도시 공간 전체에 분산돼 있는 쓰레기통의 상태를 확인하기 어렵다는 점이다.

〈표 6-1〉 서울시의 가로 쓰레기통 및 사물인터넷(IoT) 쓰레기통 현황

자치구	가로 쓰레기통 개수(개)		IoT 쓰레기통			2017년 가로 쓰레기통 대비 IoT 쓰레기통의 비율(%)
	2016	2017	도입(개)	현재 활용 (개)	활용 비율 (%)	
종로구	210	235	20	20	100	8.5
중구	272	308	-	-	-	-
용산구	198	228	-	0	0	0
성동구	72	106	-	-	-	-
광진구	165	139	2	0	0	0
동대문구	268	285	10	5	50	1.8
중랑구	79	49	-	-	-	-
성북구	136	110	-	-	-	-
강북구	199	164	-	-	-	-
도봉구	152	158	20	20	100	12.7
노원구	42	36	-	-	-	-

은평구	258	254	–	–	–	–
서대문구	221	244	76	76	100	31.1
마포구	248	251	4	0	0	0
양천구	204	208	–	–	–	–
강서구	183	213	–	–	–	–
구로구	305	333	–	–	–	–
금천구	99	123	–	–	–	–
영등포구	117	147	–	–	–	–
동작구	143	160	–	–	–	–
관악구	101	131	30	30	100	22.9
서초구	10	57	–	–	–	–
강남구	942	946	–	–	–	–
송파구	265	281	–	–	–	–
강동구	380	404	–	–	–	–
중앙차로	371	369	–	–	–	–
계	5,640	5,939	142	131	–	–

출처: 이서영(2019: 23-24).

또한 사물인터넷 기반 쓰레기통의 개발 및 설치 기술이 나날이 발전하고 있으며(김동훈 외, 2017; 이면성, 2017; 주대영, 2015), 이미 여러 지방자치단체가 이와 같은 사물인터넷 기반 쓰레기통을 도시 공간에서 쓰레기 관리를 위해 활용하고 있다(이서영, 2019)(앞의 [그림 6-1]). 사물인터넷 기술은 공무원 또는 공무 수행 대리인이 직접 일일이 현장에서 쓰레기통을 들여

다보지 않고도 쓰레기통에 있는 쓰레기 잔여량을 모니터링할 수 있다. 즉, 쓰레기통 내부에 있는 센서를 통해 매우 정확하고 신뢰 가능한 데이터를 얻을 수 있다.

스마트시티의 구현을 위해 도시 공간 내 전체 쓰레기통을 가상 현실에서 연동해 쓰레기통 잔여량 시뮬레이션 모델을 만들 수 있다. 구체적으로 쓰레기통 잔여량 시뮬레이션 모델의 투입 데이터로 인도 등 보행 통로 데이터, 시간별 보행자 수, 쓰레기 종류 분포 등을 넣고 쓰레기 수거 주기 및 패턴 알고리즘을 추가해 모델을 만들 수 있다. 이 경우 투입 데이터에 대한 여러 파라미터를 통제하는 시나리오 제작을 통해 여러 시뮬레이션을 수행하고 시뮬레이션 산출 결과를 얻을 수 있다. 이렇게 얻은 시뮬레이션 산출 결과는 쓰레기통 관련 의사결정에 대한 증거로 작동할 수 있다.

2) 재난관리 분야에서 활용 가능성

재난관리와 관련된 여러 정책 문제는 디지털 트윈에 적용하기에 적합한 여러 특징을 가지고 있다. 건물의 안전 상태에 대한 시뮬레이션 모델링은 재난관리와 관련된 의사결정을 위해 유용하게 활용될 수 있다. 재난관리와 관련된 여러 문제가 가진 공통적인 특징 중에 하나는 재난 대응 실패가 사상자의 발생 등 매우 심각하고 치명적인 영향으로 이어질 수 있다는 점이다. 폭우, 지진, 화재 등 여러 형태의 재난 사건이 언제나 도시 공간에서 발생할 수 있다. 그럼에도 불구하고 설령 발생하더라도 매우 드물게 그리고 예상하지 못한 시점에 발생하기 때문에 사람들의 재난에 대한 주의 수준이 낮아 더욱 심각한 피해로 이어지는 경우가 많다.

또한 재난 사건은 사람에게 피해를 직접 주기도 하지만 훨씬 더 많은 경우에 건물의 붕괴나 파손으로 인해 사람이나 재산에 큰 피해를 준다. 예를 들어, 삼풍백화점 붕괴 사고, 홍제동 화재 사고 등 대형 재난 문제가 건물을 중심으로 발생했다. 지방자치단체들은 도시 공간에 위치하는 건물들을 체계적이고 동시에 정교하게 관리해 왔으며, 건물과 관련된 다양한 형태의 데이터세트(data set)를 구축하고 관리하고 있다.

재난 상황 발생에 대비해 건물 정보를 투입 데이터로 활용해 건물의 균열과 같은 건물의 상태에 대한 디지털 트윈 시뮬레이션 모델을 구축하는 것이 가능하다. 이러한 모델링은 건물이라는 명확한 모델링 대상을 가지며, 이러한 모델링을 만들 수 있도록 지방자치단체들은 그러한 대상에 대한 객관적인 정보를 이미 관리하고 있다. 건물에 대한 투입 데이터로는 건물의 건축 연도, 콘크리트 사용 정도, 건물 면적 등을 사용하고 산출 데이터로는 건물의 파괴 또는 손상 정도를 사용할 수 있다. 투입 데이터와 연계된 시뮬레이션 시나리오를 만들어서 재난 상황 발생 시 건물이 얼마나 손상 또는 파괴되는지 예측할 수 있으며, 이러한 예측에 기반해 어떤 건물에 대한 보수를 할 때 재난 피해를 줄일 수 있는지를 검토할 수 있다. 또한 재난관리 분야는 전통적으로 행정학자들과 정책학자들이 많이 연구해 온 주제이기 때문에, 재난관리에 관한 기존 연구들과 충분히 연계될 수 있으며(예를 들어, Kapucu, 2008, Moynihan, 2009 등), 행정학자들과 정책학자들이 지식 중개자 역할을 할 수 있는 잠재력을 가진다.

3 공공 부문에서 디지털 트윈 기술 적용의 미래

디지털 트윈은 공공 부문의 여러 분야에 다양한 형태로 적용할 수 있다. 하지만, 디지털 트윈 적용 시 제약 사항 등을 고려해 디지털 트윈이 적절하고 타당성 있게 구축될 수 있는 공공 문제가 무엇인지 고민할 필요가 있다. 여기에서는 환경 분야에서 쓰레기 문제와 관련해 쓰레기통을 모델링의 대상으로 한 디지털 트윈을 구축할 수 있는 가능성과 재난관리 분야에서 건물 손상 또는 파괴 문제와 관련해 건물을 모델링의 대상으로 한 디지털 트윈 구축 가능성을 검토했다.

디지털 트윈을 적용할 수 있는 조건과 적용하기 어려운 제약 사항을 충분히 고려함으로써 공공 부문에서 디지털 트윈 기술이 증거 기반 공공정책에 기여하고 지능적인 의사결정에 긍정적인 영향을 미칠 가능성을 논의할 수 있다. 증거에 기반한 지능적인 공공정책을 위해서는 의사결정에서 '최선의 이용 가능한 증거'를 필요로 하지만, 현장에서 지능적인 의사결정을 하기 위해 필요한 타당성 있는 과학적 증거를 구하는 것은 쉽지 않다(Jennings & Hall, 2012; Reay, Berta, & Kohn, 2009). 이로 인해 정책 현장에서 타당성 있는 의사결정을 하기 어렵고 행정의 책임성 문제로 인해 시행착오를 통한 학습을 하기는 더욱 어렵다.

그에 반해 정책 현장은 더욱 복잡하고 어려운 문제를 다루는 한편으로 역동적이고 끝나지 않고 역동적으로 순환하는 정책 과정에 놓여 있다(Jann & Weigrich, 2007; Pencheva, Esteve, & Mikhaylov, 2020; Valle-Cruz et al., 2020). 이렇게 역동적으로 순환하는 정책 과정에서는 정책 과정 단계가 좀 더 역동적이고 단계 간의 경계를 넘나드는 의사결정이 이뤄진다(Jann & Weigrich, 2007; Pencheva, Esteve, & Mikhaylov, 2020; Valle-Cruz et al., 2020).

그러한 점에서 디지털 트윈 기술을 적용한 시뮬레이션 모델링은 이미 진행 중인 정책에 대해 시뮬레이션 모델링을 만들고 그렇게 해서 만들어진 모델링을 활용해 세부 조건들을 정밀하게 조정하는 시뮬레이션을 통해 이미 시행 중인 정책에 대한 미세 조정을 하도록 도울 수 있다. 이를 통해 역동적인 정책 과정에서 정책 관계자들이 잘 만들어진 가상 모델에서 시뮬레이션을 통해 다양한 정책 시나리오를 실험하고 이 과정에서 지속적인 학습을 통해 지능적인 의사결정을 할 가능성이 증가하고 있다. 그래서 디지털 트윈 기술은 과학적 증거에 기반한 정책을 가능하게 하는 동시에 역동적으로 순환하는 정책 과정에서 시행착오에 기반한 학습과 적용을 도울 수 있다. 이를 통해 디지털 트윈 기술은 공공 부문에서 과학에 기반한 지능적인 의사결정의 가능성을 높일 수 있을 것으로 기대된다.

참고 문헌

[국내 문헌]

고길곤. (2017). 「효율성 분석이론: 자료포락분석과 확률변경분석」. 고양: 문우사.
_____. (2021). 정책학에서 예측과 설명에서의 존재론, 인과론에 관한 방법론적인 논의. 「한국정책학회보」, 30(5), 191-212.
국토교통부. (2018). 「2018 국토교통 통계연보」.
_____. (2019). 「스마트시티 국가시범도시 서비스로드맵 1.0」.
김갑성. (2018). 정책논단 : 스마트시티정책의 성공을 위한 조건. 「The KAPS」, 53, 4-7.
김동욱·성욱준. (2021). 지속가능한 스마트시티를 위한 정책 제언. 「스마트시티의 정책 이슈」. 서울: 윤성사, 281-300
김동준·정성엽·한상용·신희철. (2014). 공공자전거 경제적 효과 분석: 고양시 및 창원시를 대상으로. 「한국도로학회논문집」, 16(1), 63-73.
김동훈·서길원·최현·김현. (2017). IoT 센서 기반의 스마트 쓰레기통 개발. 「한국정보처리학회 학술대회논문집」, 24(2), 1274-1276.
김병조·은종환. (2020). 행정-정책 의사결정에서 머신러닝(machine learning) 방법론 도입의 정책적 함의: 기계의 한계와 증거기반 의사결정(evidence- based decision-making). 「한국행정학보」, 54(1), 261-285.
김성년·한경석·남상완·안용준. (2019). O2O 공공자전거 서비스 지속 사용 의도에 관한 연구: 서울시를 중심으로. 「한국디지털콘텐츠학회지」, 20(4), 867-879.
김승래·이윤환. (2019). 스마트시티 구축에 관한 정책과 법제연구. 「법학연구」, 19(4), 163-202.
김영훈. (2018). 디지털 트윈 어떻게 전개될 것인가?. 「POSRI 이슈리포트」. 서울: 포스코경영연구원.
김원태·윤성진·김영진·조든솔. (2020). 자율형 물리 시스템을 위한 디지털 트윈 기술. 「한국통신학회지(정보와통신)」, 37(5), 9-21.
김익회·서기환·허용·임륭혁·성혜정·김재호. (2022). 디지털 트윈 기반 스마트시티 고도화 방안. 「국토연구원 기본과제보고서」, 22-30. 국토연구원.

김진·장환영·신윤호·김기승. (2021). 스마트시티(Smart City)의 새로운 변화, 디지털트윈(Digital Twin).「도시정보」, 468, 5–15.
김태희·김인호·안성봉·이계석. (2009). 자료포락분석법을 활용한 국가연구개발사업의 효율성 분석: 원자력연구개발사업을 중심으로.「기술혁신학회지」, 12(1), 70–87.
노재인·박형수·명승환. (2022). 디지털 트윈을 활용한 스마트시티 재난관리 방안 연구: 인천광역시 사례를 중심으로.「한국지역정보화학회지」, 25(1), 1–33.
도명식·노윤승. (2014). 대전시 공유자전거 이용 수요에 영향을 미치는 요인에 관한 연구.「대한토목학회논문집」, 34(5), 1517–1524.
배장원·최선한·이천희·백의현. (2021). 공공 자전거 시스템의 효율적 운용을 위한 모델링 및 시뮬레이션: 세종시 사례 중심.「한국시뮬레이션학회 논문지」, 30(1), 103–112.
서기환. (2021), 주요국의 국토·도시 디지털 트윈 정책 동향 및 시사점.
설선미·배정아. (2021). 정책 담론의 장으로서의 트윗(tweet): 제21대 총선 이슈 분석.「정책분석평가학회보」, 31(1), 1–21.
세종특별자치시. (2019). 2019 세종특별자치시 사회조사 보고서.
_____. (2021).「산업건설위원회 소관 2021년 주요 업무 추진계획」.
_____. (2022a).「세종특별자치시 자전거 이용 활성화 계획」.
_____. (2022b).「제4차 세종특별자치시 교통안전 기본계획」.
세종특별자치시·한국행정학회. (2019).「세종특별자치시 스마트시티 전략계획」.
신희철·김동준·정성엽. (2012). 공공자전거 효과 분석 및 발전 방안.「한국교통연구원 기본연구보고서」, 1–310.
안준모. (2021). 인공지능을 통한 행정의 고도화: 기회와 도전.「한국행정연구」, 30(2), 1–33.
양은진·김병조. (2022). 증거기반정책 연구는 증거가 있는가?: 국내 증거기반정책 연구에 대한 체계적 문헌 고찰.「한국행정학보」, 56(3), 105–136.
유경상·김승준. (2012). DEA 기법을 활용한 도시철도 운영효율성 분석에 관한 연구.「서울도시연구」, 13(4), 237–246.
유승훈·김태유. (1999). 조건부 가치측정법을 이용한 서울시 오존오염 저감정책의 편익 분석.「한국정책학회보」, 8(3), 191–211
유호경. (2023, 03.20). 자전거 친화 도시를 만들어요[세계의 자전거 친화 정책]. 이코리아. 머니투데이. URL:https://www.ekoreanews.co.kr/news/articleView.html?idxno=65915
윤경준. (1996). DEA를 통한 보건소의 효율성측정.「한국정책학회보」, 5(1), 80–109.
이면성. (2017). 사물인터넷(IoT) 기반 스마트시티 실증서비스 주요 현황 및 사례.「한국통신학회지(정보와 통신)」, 34(9), 3–8.

이민영 · 김도형 · 임시영. (2020). 국내 디지털트윈 연구 동향을 통해 본 국토도시 분야 디지털트윈 적용을 위한 제언. 「대한공간정보학회지」, 28(4), 49-57.
이서영. (2019). 「공공조직 내 정보기술의 도입 및 활용 요인 연구」. 서울대학교. 석사학위 논문.
이재영. (2017). 「공공자전거 타슈의 이용편익추정 연구」. 대전: 대전세종연구원.
이재영 · 한상용. (2016). 대전시 공공자전거시스템의 경제적 가치평가 및 결정 요인. 「대한교통학회지」, 34(1), 43-54.
이재용 · 이미영 · 이정찬 · 김익회. (2018). 스마트시티 유형에 따른 전략적 대응방안 연구. 국토연구원 기본연구, 18-13.
이재용 · 장환영 · 김소연 · 임용민. (2012). 기존 도시형 U-City 건설을 위한 U-City 유형 분류 및 적용 방안. 「한국도시지리학회지」, 15(3), 117-132.
장환영 · 이재용. (2015). 해외 스마트시티 구축동향과 시장 유형화. 「한국도시지리학회지」, 18(2), 55-66.
정영준 · 조일연 · 이정우 · 김범호 · 이성호 · 임창규 · 이천희 · 백의현 · 진기성 · 김영철 · 이상민 · 최민석 · 김태호 · 장민주 · 김산옥 · 김혜경 · 정승준 · 이선영 · 안주혁. (2021). 디지털트윈 기술의 도시 정책 활용 사례(세종시 도시행정 디지털트윈 프로젝트를 중심으로). 「ETRI 전자통신동향분석」, 36(2), 43-55.
주대영. (2015). 「효율적 국토관리를 위한 사물인터넷 추진 방향」. 세종: 국토연구원.
지능정보사회진흥원. (2020). 「AI · 데이터가 만드는 도시 데이터 기반 스마트 도시」.
한국개발연구원. (2012). 「예비타당성조사를 위한 CVM 분석지침 개선 연구」. 세종: 한국개발연구원.
한국전자통신연구원. (2021). 「디지털 트윈의 꿈」. 대전: 한국전자통신연구원.
한상용 · 신희철 · 김동준. (2013). 공공자전거 시스템 확대 보급을 위한 지불의사액 추정 모형 비교연구. 「교통연구」, 20(2), 103-119.
한석태. (2005). 정책결과 예측의 불확실성과 대응 방법의 유형화에 관한 소고. 「한국사회와 행정연구」, 15(4), 227-250.
황한찬 · 최한별. (2023). 디지털 트윈 기술을 통한 지능적인 공공정책 의사결정의 가능성: 증거 기반 시나리오에 기반한 디지털 트윈 시뮬레이션 모델링. 「한국행정학보」, 57(1), 39-71.

[인터넷 사이트]

따릉이 서울 바이크[웹사이트]. 2023.08.31. URL:https://www.bikeseoul.com/

서울시 정책지도[웹사이트]. 2023.08.31. URL:http://map.seoul.go.kr:9978/spm/
스마트시티인덱스[웹사이트]. 2023.08.31. URL:https://smartcitiesindex.org/shenzhensmartcity
한국경제. (2021). https://www.hankyung.com/society/article/2021111000341(검색일: 2022년 12월 12일).
한국교통연구원[웹사이트]. 2023.08.31. URL:https://www.koti.re.kr/main/slzs/bcyclTrnsport/bcyclPolicy/bcyclPolicy02/bcyclPolicy02_01.jsp
National Research Foundation Singapore[웹사이트]. (2021.10.22). URL: https://www.nrf.gov.sg/

[국외 문헌]

Alon-Barkat, S. & Busuioc, M. (2022). Human-AI interactions in public sector decision-making: 'Automation bias' and 'selective adherence' to algorithmic advice. *Journal of Public Administration Research and Theory*. https://doi.org/10.1093/jopart/muac007.

Androutsopoulou, A., Karacapilidis, N., Loukis, E., & Charalabidis, Y. (2019). Transforming the communication between citizens and government through AI-guided chatbots. *Government information quarterly*, 36(2), 358-367.

Angelopoulos, A., Gavalas, D., Konstantopoulos, C., Kypriadis, D., & Pantziou, G. (2016). An Optimization model for the strategic design of a bicycle Sharing System: A case study in the city of Athens. *Proceedings of the 20th Pan-Hellenic Conference on Informatics*, 1-6.

Anthopoulos, L. G. (2015). Understanding the smart city domain: A literaturereview. In Transforming city governments for successful smart cities(pp. 9-21). Springer.

Axelrod, R. & Tesfatsion, L. (2006). Appendix AA guide for newcomers to agent-based modeling in the social sciences. *Handbook of Computational Economics, Vol. 2: Agent-Based Computational Economics*, edited by Leigh Tesfatsion & Kenneth L. Judd, 1647-1659. Princeton, NJ: Princeton University Press.

Baba, V. V. & HakemZadeh, F. (2012). Toward a theory of evidence based decision making. *Management decision*, 50(5), 832-867.

Banker, R. D., Charnes, A., & Cooper, W. W. (1984). Some models for estimating technical and scale inefficiencies in data envelopment analysis. *Management Science*,

30(9), 1078-1092.
Bardach, E. (2001). Developmental dynamics: Interagency collaboration as an emergent phenomenon. *Journal of Public Administration Research and Theory*, 11(2), 149-164.
Barends, E., Rousseau, D. M., & Briner, R. B. (2014). *Evidence-based management: The basic principles*. The Center for Evidence-Based Management. https://www.cebma.org/
Biljecki, F., Stoter, J., Ledoux, H., Zlatanova, S., & Çöltekin, A. (2015). Applications of 3D city models: State of the art review. *ISPRS International Journal of Geo-Information*, 4(4), 2842-2889.
Brouwer, R., Langford, I. H., Bateman, I. J., & Turner, R. K. (1999). A meta-analysis of wetland contingent valuation studies. *Regional Environmental Change*, 1(1), 47-57.
Brunswik, E. (1952). The conceptual framework of psychology. International *Encyclopedia of Unified Science*, 1, No. 10 (102 pp.). Chicago: University of Chicago Press.
Bullock, J. B. (2019). Artificial intelligence, discretion, and bureaucracy. *The American Review of Public Administration*, 49(7), 751-761.
Burrell, J. (2016). How the machine 'thinks': Understanding opacity in machine learning algorithms. *Big data & society*, 3(1), 2053951715622512.
Caggiani, L., Camporeale, R., Marinelli, M., & Ottomanelli, M. (2019). User satisfaction based model for resource allocation in bike-sharing systems. *Transport Policy*, 80, 117–126.
Campbell, H. E., Kim, Y., & Eckerd, A. (2014). Local zoning and environmental justice: An agent-based model analysis. *Urban Affairs Review*, 50(4), 521-552.
Charnes, A., Cooper, W. W., & Rhodes, E. (1978). Measuring the efficiency of decision making units. *European Journal of Operational Research*, 2(6), 429-444.
de Bruijn, H., Warnier, M., & Janssen, M. (2022). The perils and pitfalls of explainable AI: Strategies for explaining algorithmic decision-making. *Government Information Quarterly*, 39(2), 101666.
Dunn, W. N. (2018). 「정책분석론: 통합적 접근」, 남궁근·이희선·김선호·김지원(옮김). 파주: 법문사; *Public policy analysis: An integrated approach*. New York: Routledge.
Eom, S. J. (2022). The Emerging Digital Twin Bureaucracy in the 21st Century. *Perspectives on Public Management and Governance*, 5(2), 174-186.
Freund, D., Henderson, S. G., & Shmoys, D. B. (2022). Minimizing multi-modular Functions

and Allocating Capacity in Bike-Sharing Systems. *Operations Research*. https://doi.org/10.1287/opre.2022.2320

García-Palomares, J. C., Gutiérrez, J., & Latorre, M. (2012). Optimizing the location of stations in bike-sharing programs: A GIS approach. *Applied Geography*, 35(1), 235-246.

Grimmelikhuijsen, S. (2022). Explaining why the computer says no: Algorithmic transparency affects the perceived trustworthiness of automated decision making. *Public Administration Review*, https://doi.org/10.1111/puar.13483.

Guston, D. H. (2014). Understanding 'anticipatory governance.' *Social Studies of Science*, 44(2), 218-242.

Hand, L. C. & Ching, B. D. (2020). Maintaining neutrality: A sentiment analysis of police agency Facebook pages before and after a fatal officer-involved shooting of a citizen. *Government Information Quarterly*, 37(1), 101420.

Harrison, T. M. & Luna-Reyes, L. F. (2022). Cultivating trustworthy artificial intelligence in digital government. *Social Science Computer Review*, 40(2), 494-511.

Hogwood, B. & Gunn, L.(1984). *Policy analysis for the real world*. Oxford: Oxford University Press.

Holopainen, M., Saunila, M., Rantala, T., & Ukko, J. (2022). Digital twins' implications for innovation. *Technology Analysis & Strategic Management*, https://doi.org/10.1080/ 09537325.2022.2115881

Jann, W. & Wegrich, K. (2007). Theories of the policy cycle. In *Handbook of public policy analysis: Theory, politics, and methods*, edited by Fischer F., Miller, J., & Sidney, M., Boca Raton : CRC/Taylor & Francis.

Janssen, M., Hartog, M., Matheus, R., Yi Ding, A., & Kuk, G. (2022). Will algorithms blind people? The effect of explainable AI and decision-makers' experience on AI-supported decision-making in government. *Social Science Computer Review*, 40(2), 478-493.

Jennings, E. T. & Hall, J. L. (2012). Evidence-based practice and the use of information in state agency decision making. *Journal of Public Administration Research and Theory*, 22(2), 245-266.

Jones, T. (1980). *Options for the future: A comparative analysis of policy-oriented forecasts*. New York: Praeger.

Kapucu, N. (2008). Collaborative emergency management: Better community organising, better public preparedness and response. *Disasters*, 32(2), 239-262.

Kaul, R., Ossai, C., Forkan, A. R. M., Jayaraman, P. P., Zelcer, J., Vaughan, S., &

Wickramasinghe, N. (2023). The role of AI for developing digital twins in healthcare: The case of cancer care. *Wiley Interdisciplinary Reviews: Data Mining and Knowledge Discovery*, 13(1), e1480.

Koliba, C., Meek, J. W., & Zia, A. (2017). *Governance networks in public administration and public policy*. New York: Routledge.

Langford, I. H., Bateman, I. J., & Langford, H. D. (1996). A multilevel modelling approach to triple-bounded dichotomous choice contingent valuation. *Environmental and Resource Economics*, 7(3), 197–211.

Lasswell, H. D. (1956). *The decision process: Seven categories of functional analysis*. College Park, Maryland: University of Maryland.

Li, D. (2022). Smart City Based on Digital Twins. In *Proceeding of 2022 International Conference on Geospatial Information Science*, November 3.

Lin, J.-R. & Yang, T.-H. (2011). Strategic design of public bicycle sharing systems with service level constraints. *Transportation Research Part E: Logistics and Transportation Review*, 47(2), 284–294.

Martelli, P. F. & Hayirli, T. C. (2018). Three perspectives on evidence-based management: rank, fit, variety. *Management Decision*, 56(10), 2085–2100.

Moynihan, D. P. (2009). The network governance of crisis response: Case studies of incident command systems. *Journal of Public Administration Research and Theory*, 19(4), 895–915.

Nam, T. & Pardo, T. A. (2011). Conceptualizing Smart City with Dimensions of Technology, People, and Institutions. *Proceedings of the 12th Annual International Digital Government Research Conference: Digital Government Innovation in Challenging Times*, College Park, 12–15 June 2011, 282–291.

O'Sullivan, S., Janssen, M., Holzinger, A., Nevejans, N., Eminaga, O., Meyer, C. P., & Miernik, A. (2022). Explainable artificial intelligence (XAI): closing the gap between image analysis and navigation in complex invasive diagnostic procedures. *World Journal of Urology*, 1–10.

Papyshev, G. & Yarime, M. (2021). Exploring city digital twins as policy tools: A task-based approach to generating synthetic data on urban mobility. *Data & Policy*, 3, E16. doi:10.1017/dap.2021.17

Pencheva, I., Esteve, M., & Mikhaylov, S. J. (2020). Big Data and AI: A transformational shift for government: So, what next for research?. *Public Policy and Administration*, 35(1), 24–44.

Qi, Q. & Tao, F. (2018). Digital twin and big data towards smart manufacturing and industry 4.0: 360 degree comparison. *Ieee Access*, 6, 3585–3593.

Reay, T., Berta, W. & Kohn, M. K. (2009). What's the evidence on evidence-based management?. *Academy of Management Perspectives*, 23(4), 5–18.

Reddick, C. G., Chatfield, A. T., & Ojo, A. (2017). A social media text analytics framework for double-loop learning for citizen-centric public services: A case study of a local government Facebook use. *Government Information Quarterly*, 34(1), 110–125.

Reim, W., Andersson, E., & Eckerwall, K. (2022). Enabling collaboration on digital platforms: a study of digital twins. *International Journal of Production Research*, https://doi.org/ 10.1080/00207543.2022.2116499.

Sabatier, P. A. (2007). The need for better theories. In *Theories of the policy process*. edited by Sabatier, P. A., Colorado: Westview Press.

Sayarshad, H., Tavassoli, S., & Zhao, F. (2012). A multi-periodic optimization formulation for bike planning and bike utilization. *Applied Mathematical Modelling*, 36(10), 4944–4951.

Seol, H., Lee, H., Kim, S., & Park, Y. (2008). The impact of information technology on organizational efficiency in public services: a DEA-based DT approach. *Journal of the Operational Research Society*, 59(2), 231–238.

Shaheen, S. A., Cohen, A. P., & Martin, E. W. (2013). Public bikesharing North America: Early operator understanding and emerging trends. *Transportation Research Record*, 2387(1), 83–92.

Shaheen, S. A., Guzman, S., & Zhang, H. (2010). Bikesharing in Europe, the Americas, and Asia: past, present, and future. *Transportation Research Record*, 2143(1), 159–167.

Silvia, C. & Krause, R. M. (2016). Assessing the impact of policy interventions on the adoption of plug-in electric vehicles: An agent-based model. *Energy Policy*, 96, 105–118.

Stewart, T. R. & Lusk, C. M. (1994). Seven components of judgmental forecasting skill: Implications for research and the improvement of forecasts. *Journal of Forecasting*, 13(7), 579–599.

Stewart, T. R. & Lusk, C. M. (1994). Seven components of judgmental forecasting skill:

Implications for research and the improvement of forecasts. *Journal of Forecasting*, 13(7), 579–599.

Valle-Cruz, D., Criado, J. I., Sandoval-Almazán, R., & Ruvalcaba-Gomez, E. A. (2020). Assessing the public policy-cycle framework in the age of artificial intelligence: From agenda-setting to policy evaluation. *Government Information Quarterly*, 37(4), 101509.

Valle-Cruz, D., Fernandez-Cortez, V., & Gil-Garcia, J. R. (2022). From E-budgeting to smart budgeting: Exploring the potential of artificial intelligence in government decision-making for resource allocation. *Government Information Quarterly*, 39(2), 101644.

van Noordt, C. & Misuraca, G. (2022). Artificial intelligence for the public sector: results of landscaping the use of AI in government across the European Union. *Government Information Quarterly*, 39(3), 101714.

Waardenburg, M., Groenleer, M., de Jong, J., & Keijser, B. (2020). Paradoxes of collaborative governance: investigating the real-life dynamics of multi-agency collaborations using a quasi-experimental action-research approach. *Public Management Review*, 22(3), 386–407.

Wang, H., Pan, Y., & Luo, X. (2019). Integration of BIM and GIS in sustainable built environment: A review and bibliometric analysis. *Automation in construction*, 103, 41–52.

Wirtz, B. W., Weyerer, J. C., & Geyer, C. (2019). Artificial intelligence and the public sector—applications and challenges. *International Journal of Public Administration*, 42(7), 596–615.

Yang, E. & Kim, B. J. (2022). Is there evidence of evidence-based policy?: A systematic literature review of evidence-based policy in South Korea. *Korean Public Administration Review*, 56(3): 105–136.

Yencken, D. (2013). *Creative cities*. Future Leaders: Oslo, Norway, 1–21.

Young, M. M., Bullock, J. B., & Lecy, J. D. (2019). Artificial discretion as a tool of governance: a framework for understanding the impact of artificial intelligence on public administration. *Perspectives on Public Management and Governance*, 2(4), 301–313.

Zuiderwijk, A., Chen, Y. C., & Salem, F. (2021). Implications of the use of artificial intelligence in public governance: A systematic literature review and a research agenda. *Government Information Quarterly*, 38(3), 101577.

찾아보기

[ㄱ]
가상 세계	15, 18, 36, 54, 57, 92, 120
결과 예측	99
경제적 편익	78
고속정보통신망	41
공공자전거	48, 50, 56, 64
공유	49
규제자유특구	64
규칙 기반 모델링	18
국가시범도시	40, 42, 48
기계학습	21, 24, 58
기술 통계	74

[ㄴ]
누비자	49
뉴어울링	113

[ㄷ]
단일경계모형	68
던(W. N. Dunn)	98
데이터 기반 모델링	18
도시행정 디지털 트윈 프로젝트	64

동기화	16, 23, 58
디지털 리터러시	42
디지털 스레드	22
디지털 시뮬레이션 모델링	55
디지털 차이나	47
디지털 트윈	30, 36, 44, 103, 128, 129, 131
디지털 트윈 관료제	54
디지털 트윈 기술	15, 19, 35, 43, 53, 58, 89, 92, 96, 98, 120, 136
디지털 트윈 시뮬레이션 모델링	54, 59, 70, 87, 103, 106, 121
따릉이	49

[ㄹ]
렌즈 모델	101, 104
리빙랩	41

[ㅂ]
버추얼 싱가포르	46
볼록성	112
부산 에코델타시티	48
브런스윅(E. Brunswik)	101

비주얼 싱가포르	46	유비쿼터스 도시(U-City)	40, 64
비용편익분석	111	의사결정 단위	111
빅데이터	16, 39, 96, 104	이중경계모형	68, 79
		인공지능	16, 19, 33, 39, 96
		인공지능 기술	19, 59, 61, 88

[ㅅ]

사물인터넷	16, 133
산출 데이터	29, 60
생산가능경계	112, 119
생산가능집합	111
선택적 고수	28
세종5-1생활권	48
소셜미디어	58
스마트네이션(Smart Nation) 사업	46
스마트 모빌리티	49
스마트시티	18, 35, 37, 40, 43, 64, 134
스마트시티 국가시범도시	48, 64
스파이크모형	68, 79
시계열분석	99
시뮬레이션 모델링	16, 23, 31, 33, 58, 88, 100, 107, 115, 127
시뮬레이션 시나리오	29, 32, 55

[ㅇ]

어울링	25, 29, 49, 51, 56, 64, 94, 105, 130
예시 시나리오	56, 73, 83, 86
예측방법론	98
예측적 거버넌스	54
외삽적 예측	94, 98, 105, 121, 123

인공지능 기술 기반 모델링	23, 62
인공지능 재량	62
인터페이스	16

[ㅈ]

자동화 편향	27
자료포락분석(DEA)	94, 110, 117
자연어 처리 기법	21
자유가처분성	112
자율주행	49
자전거종합계획	49
재난관리	134
정보통신기술(ICT)	38, 41
정책 과정 프레임워크	33
정책 미세 조정 시나리오	120
정책 시뮬레이션 시나리오	55
정책 주기 프레임워크	93, 95
조건부 가치측정법(CVM)	56, 63, 67, 74
증거 기반의 시나리오	32
지능정보기술	38
지능정보화	92
지식중개자	33

[ㅊ]
챗봇(chatbots) 20
초연결 49
친환경 49

[ㅋ]
카카오톡 채널 21

[ㅌ]
타슈 49
투입 지향 모형 112

[ㅍ]
페달로 49

[ㅎ]
행위자 기반 모델링 30, 65, 104, 122

현실 세계 15, 17, 36, 44, 55, 92, 120
효율성 점수 118

BCC 모형 112, 119
CCR 모형 112, 119
ChatGPT 23
CitizenLab 21
Cycle Friendly City 48
LE PLAN VELO 48
Mona 20

3D 모델 35
4차 산업혁명 15, 58

저자 소개

김동욱(서울대학교 행정대학원 교수, 정책학 박사)
황한찬(국립순천대학교 행정학과 교수, 행정학 박사)
최한별(국립군산대학교 법행정경찰학부 교수, 행정학 박사)
신승윤(소프트웨어정책연구소 선임연구원, 정책학 박사)
노재인(한국인터넷기업협회 연구위원, 행정학 박사)